# 지급결제를
## 알아야
# 돈이 보인다

# 지급결제를 알아야 돈이 보인다

초판 1쇄 발행  2023년 12월 15일

지은이          이상엽

편집            이용혁
디자인          박영정

펴낸이          이경민
펴낸곳          (주)동아엠앤비

출판등록        2014년 3월 28일(제25100-2014-000025호)
주소            (03972) 서울특별시 마포구 월드컵북로 22길 21 2층
전화            (편집) 02-392-6901 (마케팅) 02-392-6900
팩스            02-392-6902
홈페이지        www.dongamnb.com
이메일          damnb0401@naver.com
SNS            

ISBN           979-11-6363-771-4 (03320)

※ 책 가격은 뒤표지에 있습니다.
※ 잘못된 책은 구입한 곳에서 바꿔 드립니다.

돈의 흐름으로 읽는 금융의 미래

# 지급결제를 알아야 돈이 보인다

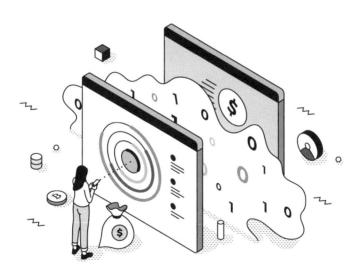

동아엠앤비

# | 추천사 |

예금보험공사 이사 **차현진**

지급결제 업무는 은행과 비은행을 구분하는 중요한 분수령이지만, 2010년까지는 은행법에 언급도 되지 않을 정도로 이해와 관심이 적다. 저축은행, 신용협동조합, 새마을금고 등 상호금융기관은 물론 금융투자회사도 수행할 수 있거나, 수행해야 바람직하다고 오해될 정도다. 그런 가운데 얼마 전부터는 각종 페이, 간편결제 서비스 등을 앞세워 핀테크 업체까지 이 분야에 뛰어들고 있다.

이 책은 은행업과 통화신용정책에서 지급결제 업무가 차지하는 의미와 작용원리, 발전방향을 모두 다룬, 전문가의 역작이다. 저자의 오랜 한국은행 근무 경험 속에서 다듬어진 통찰력과 문제의식이 돋보이는 수작이다. 아울러 정책 · 제도 · 비즈니스 · 기술 면에서 생각해야 할 주제들을 모두 아우르고 있다.

바야흐로 은행의 미래와 미래의 은행에 관한 불확실성이 우리 앞을 가로막고 있다. 가상자산이 현존하는 금융 시스템의 대체재일지, 보완재일지 아무도 답을 하지 못하고 있다. 중앙은행 디지털화폐(CBDC)가 금융과 통화정책의 미래를 어떻게 바꿀지 각국 중앙은행들조차 확신하지 못한다. 그런 화두에 대해서 저자가 친절하고 명료한 설명과 함께 잠정적 해답을 던지고 있는 점에서 은행과 테크핀 종사자, 연구자, 정책당국에게 일독을 강력하게 권고드린다.

# | 추천사 |

건국대 경영대학 교수(전 한국증권학회 회장) **선정훈**

지급결제는 개인, 기업, 금융회사, 국가 등 경제주체들 간 거래로 인해 발생하는 채권 및 채무 관계를 화폐가치의 이전을 통해 완결시켜주는 제반 계약과 운영 시스템으로 정의할 수 있다. 지급결제는 경제주체들의 경제활동으로 인해 발생하는 거래의 완결성을 보장하기 위해 반드시 필요한 기능이다. 아울러 지급결제는 금융시스템을 구성하는 금융회사들 간 거래의 결제 효율성 향상과 금융 안정성의 유지에 도움이 되는 금융시스템의 하부구조이다. 즉, 지급결제시스템은 개별 금융회사들이 개별적으로 지급과 결제를 하지 않고 하나의 시스템 내에서 모여서 결제하도록 함으로써 거래의 효율성을 높이고, 두 금융회사 간 결제금액의 총액이 아닌 차액을 결제하는 상계 처리, 특정 금융회사의 결제를 다른 금융회사가 보증하는 결제 보증 등 제도를 통해 결제 불이행의 위험을 줄여 금융 안정성의 향상에도 기여한다.

지급결제는 우리의 일상생활에서 필수불가결하고, 상거래, 금융거래 등 경제활동이 동전의 앞면이라면 지급결제는 동전의 뒷면으로 경제활동들과 매우 밀접한 관련을 갖으면 이를 뒷받침하는 기능을 수행한다. 하지만 우리는 상거래, 금융거래 등 동전의 앞면에 더 집중하고, 이를 가능하게 하는 동전의 뒷면인 지급에 대해서는 큰 관심을 두지 않아 왔다. 이는 연구자, 실무자, 경제/경영 전공자들이 지급결제에 대해 마땅히 참고할 만한 국내 도서가 없는 것으로 나타난다. 필자는 그동안 금융 관련 연구를 하고 재무 과목들을 학생들을 가르치면서 지급결제에 관한 내용을 체계적으로 정리하는 국내 도서가 없어서 늘 아쉬움을 느껴왔으며, 이 책의 출간 소식을 접하고 반가움을 금치 못했다.

　필자는 이 책을 금융 연구자, 금융 현업에 종사하는 실무자, 그리고 경제 및 경영을 전공하는 학생들에게 적극 추천하며, 그 이유는 다음과 같다. 첫째, 이 책은 그동안 그 중요도에 비해 금융 시스템의 여타 부분에 비해 이해도가 낮았던 지급결제 부분을 다루고 있어 지급결제는 물론 금융시스템 전반에 대한 이해도를 높이는 데 도움이 될 것으로 기대된다. 둘째, 이 책은 지급결제의 과거, 현재 및 미래에 대한 이해와 통찰을 얻는데 도움이 되는 도서라고 판단된다. 이 책이 지급결제의 역사와 현황을 정리하고, 분산원장 도입에 따른 지급결제의 탈중앙화와 핀테크 발달에 따른 지급결제 수단의 다양화, 지급결제 관련 새로운 산업의 출현 등 현재 지급결제와 관련하여 진행되고 있는 사항들에 대한 추이와 전망을 충실하게 제시하고 있기 때문이다.

　마지막으로 이 책을 집필한 저자와 이 책의 출간을 위해 노고를 아끼지 않으신 많은 분들께 감사한 마음을 전하며, 이 책 이후에도 지급결제에 관한 이해를 돕는 많은 서적들이 연달아 출간되기를 기대한다.

# 꾸준하게
# 수익을 내는 비법

개인이나 기업 및 국가가 경제주체로서 행하는 모든 경제행위에는 반드시 지급과 결제가 수반된다. 이러한 연유로 인해 일상 생활에서 '지급결제'라는 말은 누구나 사용하고 듣는 아주 흔한 용어일 것이다. 그러나 실제 이 용어의 의미를 정확히 이해하고 있는 사람은 많지 않다. 이는 일반인 뿐만 아니라 경제학이나 경영학을 전공한 사람들도 비슷한 것으로 보인다. 경제학이나 경영학 전공책을 살펴보면 물가안정 및 금융안정 등을 달성하기 위해 중앙은행이 할 수 있는 정책에 대해서는 많은 언급이 있으나 중앙은행의 핵심적이고 근본적인 업무인 지급결제와 관련해 기술하고 있는 것을 찾기가 쉽지 않은 것은 참 아이러니 하다는 생각이 들기도 한다.

그러나 최근 기술의 발달로 핀테크와 결합한 각종 페이로 대별되는 간편결제가 우리 생활 깊숙이 자리잡아 가고 있으며, 이러한 비금융 IT기업의 지급서비스 시장 진입이 크게 확대되면서 인터넷과 스마트폰을 이용한 결제가 증가하는 등 지급결제 채널이 매우 다양해지면서 지급결제에 대한 국민적 관심이 증폭되고 있다. 특히 과거의 현금, 어음·수표와 같은 실물을 통한 지급수단이 전자적 메시지만 주고받는 형태로 변화하고 있으며, 그 와중에 지급결제서비스업체들이 새로 생겨나고 치열한 경쟁을 벌이면서 금융산업구조 측면에서도 새로운 모습을 보이고 있다. 또한 블록체인 및 분산원장 기술의 발전으로 생겨난 가상자산의 경우 일부이기는 하지만 투자대상 또는 새로운 지급수단으로의 가능성을 보이기도 하고 있다. 뿐만 아니라 실물이 없는 중앙은행 디지털화폐(CBDC)를 발행할 필요성에 대한 논의도 활발히 진행되고 있다.

이처럼 최근의 기술발전과 연결된 지급결제 환경의 급격한 변화로 미래의 금융산업구조도 많은 변화가 예상되고 있어, 일반 국민들도 지급결제제도에 대한 이해를 통해 미래의 금융산업, 더 나아가 미래의 우리 경제에 대한 대비가 필요한 시점이라 생각된다. 특히 지급결제산업은 빅데이터와 연계된 새로운 시장이 생겨나고 이에 따라 일자리 창출에도 크게 기여할 수 있을 것으로 판단되고 있다. 일례로 자전거 무인대여시스템을 이용하고 휴대폰을 통해 결제하는 '따릉이'의 경우 이와 관련된 지급결제 자료를 통해 연령대별 동선 등을 파악해 해당 지역에서 창업을 준비하는 사람에게 관련 자료를 제공하는 업이 등장하기도 했다. 이처럼 지급결제산업은 이제 기존의 지급수단을 다양화하거나 금융서비스를 편리하게 하는 수준을 넘어 새로운 경제성장의 한 축으로 발전하고 있는 모양새이다.

향후 지급결제가 경제성장의 동력으로 작용하기 위해서는 그 기저에 어떠한 철학과 원칙 및 신뢰 등을 바탕으로 구성되어 있는지를 이해하고, 최근의 디지털 혁신과의 만남을 통해 어느 방향으로 나아가고 있는지를 알아가는 입문서로 이 책이 활용되기를 바라는 마음이다. 이 책의 구성을 살펴보면 1장에서는 지급결제의 발전과 중앙은행 및 은행의 태동과 관련된 역사적 사실에 대해 언급하였으며, 2장에서는 현재 우리나라의 지급결제제도, 즉 우리가 사용하고 있는 지급수단이 어떤 프로세스를 거쳐 거래가 종결되는지에 대해 기술하였다. 3장은 최근 이슈가 되고 있는 블록체인 및 분산원장 기술과 가상자산(비트코인 등) 등이 금융권에서의 도입 가능성 및 지급수단으로 인정받을 수 있는지에 대해 알아보았으며, 4장은 한국은행과 해외 주요국 중앙은행들이 많은 관심을 표명하고 있는 중앙은행 디지털화폐(CBDC)의 발행으로 인한 지급결제제도와의 연관성 등에 대해 기술하였다. 5장은 최근의 디지털 기술의 급속한 발전에 따른 지급결제 부문의 발전과제와 이에 대한 우리의 대응방안에 대해 간단히 기술하였다.

끝으로 이 책을 집필하는데 많은 도움을 준 한국은행의 이종렬부총재보, 금융결제국의 이한녕국장, 윤성관부장, 이동규팀장, 유희준팀장, 김동섭팀장, 신성환팀장, 김영석반장, 김용구차장, 김광룡차장, 박기정과장, 발권국의 조병익팀장, 이재훈 사무보조원 등에게 심심한 감사의 말씀을 드린다.

　아무쪼록 이 책자가 우리나라의 지급결제제도를 이용하거나 연구하는 분들에게 조금이나마 유용한 자료로 활용되고, 향후 지급결제산업의 발전 연구에 기여할 수 있기 바란다.

이상엽

# | 목차 |

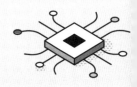

# 1장

# 지급결제와
# 은행 및 중앙은행의
# 태동

# | 요약 |

일반적으로 중앙은행의 목적은 금융안정 및 물가안정 등으로 알려져 있으나 지급결제제도의 안정적 운영과 감시 및 발전 도모 역시 중앙은행의 핵심적이고 가장 근원적인 책무라는 사실이 간과되는 경우가 종종 있다. 또한 은행의 출현 역시 결제와 깊은 연관이 있으며, 대출업무가 오히려 부수적인 업무로 출발했다는 사실도 간과되는 경향이 있다. 그러나 12세기 이후 중세 유럽에서 은행업이 태동하게 된 배경을 살펴보면 무역과 상업의 발전에 따라 물물교환 위주에서 화폐경제로 이전되면서 환전, 송금 등 초보적인 지급결제서비스가 나타나기 시작했다.

중세 유럽에서 상업과 무역이 활성화되면서 금, 은, 주화와 같은 정화 또는 어음, 수표 등이 이용되거나 은행들이 독자적으로 발행한 은행권이 사용되었다. 이때 초기에는 다른 은행이 발행한 수표나 어음 또는 은행권을 최종 결제하기 위해서는 은행의 결제 담당자들이 상대 은행별로 주고 받을 금액을 계산한 후에 그에 해당되는 정화를 소지하고 각 은행을 방문했었다. 그러나 결제를 위해 정화를 소지하고 개별 은행을 모두 방문하는 것은 정화의 소지에 따른 도난의 위험과 번거로움이 발생하였는 바, 이러한 어려움을 해결하기 위해 은행들은 공동으로 청산소(clearing house)를 설립하여 결제에 필요한 준비금을 청산소에 예치하고 청산소에 모여 일괄적으로 결제함으로써 결제에 소요되는 시간 및 비용을 크게 절감할 수 있었다.

한편 이즈음 은행들은 예금자들이 지급결제에 활용하기 위해 상당 기간 보유하는 계좌잔액을 안정적인 대출재원으로 활용하여 당좌대출(overdraft) 방식의 상업대출, 지분투자 등에 활용하면서 지급결제에만 국한되었던 업무영역을 확장하게 되었다. 반면 이러한 대출 및 지분투자 등으로 수익이 발생하기도 했지만 신용 및 유동성 리스크에 노출되었으며, 이는 은행자산의 부실로 이어지면서 지급결제시스템에 심각한 부작용을 유발하게 되었다.

그러나 민간 청산소나 상업은행 중심의 지급결제제도는 은행들간의 이익상충이나 최종대부자 기능의 미비 등 시장실패 요소로 인해 그 해결에는 한계점이 있었다.

민간 청산소는 회원은행만을 위해 조직되어 전체 금융시스템의 원활한 작동을 책임지지 못하였을[1]뿐만 아니라 일부 회원은행이 결제를 하지 못하였을 때에도 해결할 수 있는 수단을 갖지 못해 금융위기 시 등에도 적절히 대처할 수 없었다.

이처럼 은행자산 부실에 따른 지급결제시스템의 불안정 등 비효율성 문제가 크게 부각되자, 민간은행 모델의 한계를 극복하기 위해 지급결제기능에 특화된 공공은행(public bank) 등 초기 중앙은행 제도가 나타나기도 하였다.

이후에는 국가가 직접 중앙은행을 설립하고, 중앙은행이 발행하는 법화에 강제통용력을 부여함으로써 가장 안전한 지급결제자산을 공

---

1  청산소 또는 은행간 자금결제를 담당하는 대형 상업은행은 긴급유동성 제공, 회원은행 감독 등과 같은 현재의 중앙은행의 기능을 일부 수행하기도 하였다.

급하게 되었고, 이에 따라 민간 은행들이 발행하는 은행권 등이 지급결제자산으로 사용되는 데에서 생기는 혼란을 방지할 수 있는 기반을 마련하는 것이 가능해졌다.

또한 중앙은행은 금융위기 시 발권을 이용하여 위기 극복에 필요한 긴급자금을 공급하는 최종대부자 기능[2]을 통해 금융안정 기능도 수행하게 되었다. 이와 같이 중앙은행은 역사적으로 지급결제제도의 원활한 운영과 금융안정을 본연의 책무로 부여받고, 이에 상응하는 기능을 수행하는 과정에서 탄생하였다.

한편 중앙은행의 통화가치 안정 기능은 법화를 독점적으로 발행함으로써 최종결제자산을 제공하는 중앙은행의 역할로부터 발전한 것이다.

개인 간의 금융거래나 금융기관 간의 채권·채무가 화폐 또는 중앙은행의 당좌예금을 이용하여 최종적으로 결제되기 때문에 경제주체들이 중앙은행 화폐 또는 당좌예금의 안전성을 신뢰하고 결제자산으로 이용할 수 있도록 중앙은행은 통화가치를 안정시킬 필요가 있는 것이다.

---

2  최종대부자 기능이란 예금인출사태, 금융기관 파산 등으로 금융시장에 위기상황이 발생하였을 때 중앙은행이 이를 초기에 수습하는 데 필요한 유동성을 공급함으로써 지급결제시스템을 포함한 금융중개기능의 안전성을 확보하는 기능을 수행하는 것을 말한다.

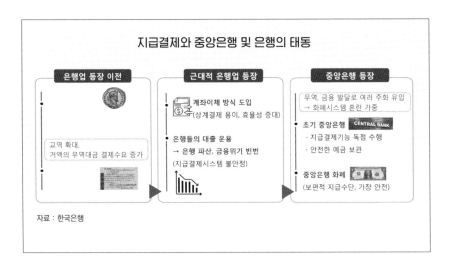

## 지급결제와 중앙은행 및 은행의 태동

**은행업 등장 이전**

교역 확대,
거액의 무역대금 결제수요 증가

**근대적 은행업 등장**

- 계좌이체 방식 도입
  (상계결제 용이, 효율성 증대)

- 은행들의 대출 운용
  → 은행 파산, 금융위기 빈번
  (지급결제시스템 불안정)

**중앙은행 등장**

무역, 금융 발달로 여러 주화 유입
→ 화폐시스템 혼란 가중

- 초기 중앙은행 CENTRAL BANK
  - 지급결제기능 독점 수행
  - 안전한 예금 보관

- 중앙은행 화폐
  (보편적 지급수단, 가장 안전)

자료 : 한국은행

지급결제를 알아야 돈이 보인다

# 1절
# 지급결제제도와 은행업 태동

## Ⅰ. 근대적 은행업 발생 배경

### 1. 초보적인 금융서비스 출현

중세 초기 물물교환 위주의 농업경제가 12세기 이후 지중해를 통한 무역과 상업이 활발해지면서 경제시스템이 화폐경제로 회귀하게 되었다. 당시 이탈리아의 제노바, 베네치아, 피렌체 등의 도시국가는 지중해를 통한 동방무역[3](Levant 무역)이 활성화되면서 상업의 중심으로 부상하였으며, 독일 지역은 한자(Hansa)를 결정하여 북해, 발트해 연안의 무역을 주도하였다. 네덜란드 지역도 선박, 조선업과 해상무역의 중심지로 성장하는 등 이들 이탈리아 반도의 도시국가들과 북부유럽 항구도시들이 경제성장을 주도하였다. 또한 샹파뉴 정기시장(Champagne Fair) 등 주요 장터를 무대로 상거래가 본격화되고 원

---

3   Levant는 중동의 팔레스타인과 시리아 지역을 뜻하는 용어로 레반트무역은 유럽과 아시아의 중개무역을 의미한다.

거리 무역 등을 통해 부를 축적한 상인계급이 등장하면서 자금결제를 위한 환전과 계좌를 통한 송금 등 초보적인 금융서비스[4]도 나타나기 시작하였다.

## 2. 상거래 및 금융거래의 비효율 발생

상거래 등의 활성화로 물물교환 위주의 경제에서 화폐경제로의 이전은 자연스럽게 주화의 사용을 크게 증가시키게 되었다. 그러나 당시 통용되었던 주화는 금, 은 등 주화의 소재가치에 기반을 두고 있었지만 '주화제도의 혼란'과 '만성적인 주화 부족'으로 인해 상거래 및 금융거래에 상당한 비효율이 발생하고 있었다.

### 가. 주화제도의 혼란

당시 유럽에서는 다양한 지역에서 발행된 주화[5]가 혼재되어 통용되고 있었는데, 주조소를 운영하는 영주 등은 주조차익(seigniorage)을 늘리기 위해 의도적으로 귀금속의 함량을 낮추는 등 화폐의 물리적 가치를 낮추는 주화변조(debasement)가 만연하였다.

또한 이용자들도 주화 테두리를 깎아내는 클리핑(clipping)과 가죽

---

4  상파뉴 정기시장은 12~14세기 프랑스 상파뉴 지역에서 개최된 대표적인 시장으로 상인, 환전업자 및 예금은행이 참여하였으며, 계좌를 통한 지급결제서비스도 활용되었다.

5  이탈리아의 경우 영주 및 주교가 각자 주조소를 운영할 수 있었는데, 중부 토스카나 지역에만 루카(Lucca), 피사(Pisa), 피렌체(Firenze) 등 7개 이상 지역에 주조소가 존재하였으며, 비교적 중앙집권이 진행된 영국에서도 주조소가 70개 이상 설립되었다.

부대 등에 넣고 마찰시켜 금속가루를 얻는 스웨팅(sweating) 등을 시도하기도 하였다

## 나. 만성적인 주화 부족

상업이 활성화되면서 교환의 매개로서 주화에 대한 수요가 크게 증가하는 데 반해 주화의 공급을 늘리기 위해서는 광산의 추가 발견 및 개발 등이 필요하지만 광산개발의 어려움으로 공급이 수요를 충족하지 못해 만성적인 주화 부족 문제가 발생하였다. 또한 향신료 수입 등을 위해 아시아 등으로 금, 은 등이 지속적으로 유출되고 상당량의 주화와 금괴, 은접시 등이 가치저장 목적으로 보관되고 있어 거래 목적으로 유통되는 주화가 부족하게 되었다.

이외에도 주화를 통한 거래시마다 주화의 품질 확인 및 변조를 방지하기 위한 노력과 비용이 과다하게 투입되었을 뿐만 아니라 교역이 활발해지면서 다양한 종류의 화폐가 통용되고 거액의 무역대금 결제수요가 증가함에 따라 주화를 이용한 결제의 불편함이 더욱 가중[6]되는 등 주화를 통한 결제 거래비용이 지나치게 높아지는 문제가 발생하였다.

따라서 근대적 은행업 출현 이전부터 대부분의 상거래는 비효율적인 주화 결제가 아닌 신용거래로 이루어졌으며, 이 과정에서 발행된 증서(어음)가 지급수단으로 활용되었다. 즉 상인들은 제3자(다른 상인)

---

6 외국과의 무역거래나 익명의 상대방과 거래시 신용이나 물물교환을 통한 결제가 어려워 효율적인 지급수단의 필요성이 커지게 되었다.

에게 받은 어음 등을 승계하면서 지불의무를 수행하는 채무승계방식
(debt assignment)을 활용하였다. 이 경우 신용거래와 채무승계를 활
용하기 위해서는 오랜 거래를 통해 형성된 신뢰가 전제되어야만 가
능하다.


## Ⅱ. 근대적 은행업의 등장 및 주요 기능

근대적 은행업은 12~13세기 무렵 이탈리아 등 주요 상업도시에
서 활동하던 환전업자[7]와 초기 은행이 주화를 예치받고 계좌이체 방
식의 지급결제서비스를 제공하기 시작하면서 등장하였다. 기존 환전
업자들은 다양한 화폐의 진위 여부 및 가치를 판단[8]하고, 타 화폐와
교환해주는 역할을 수행했는데 이 과정에서 축적한 설비와 노하우를
바탕으로 은행의 면모를 갖추기 시작하였다.

특히 이 시기에는 샹파뉴 등 정기시장과 이탈리아의 제노바, 베네
치아, 피렌체 등 상업도시에서 다수의 은행이 등장하였으며, 일부 지
역에서는 숙박업자(브뤼헤 등), 금세공업자(런던 등) 등도 유사한 서비
스를 제공하기도 하였다

---

7  상거래에 따른 지급결제가 필요한 고객으로부터 예금을 받아서 지급결제서비스를 제공했으며, 이후 대출
   (overdraft)업무도 했으나 당시 교회법에 따라 이자수취가 금지되어 있었는 바, 동 규제를 회피하기 위해 서비스
   제공시 수수료라는 명목으로 이자를 받았다.
8  환전업자는 내재가치가 서로 다른 주화들을 정확하게 평가하여 고객별로 주화를 분리하여 보관하지 않고 혼합
   하여 보관하고, 예금의 인출과 대출 시에도 주화의 액면가치와는 상관없이 평가된 가치에 따라 지급함으로써 지
   급수단의 대체 가능성(fungibility)을 크게 높이는데 기여하였다.

지급결제를 알아야 돈이 보인다

## 1. 예금수취 및 지급결제기능

환전업자 또는 초기 은행은 직접적인 주화지급이 아닌 계좌를 보유한 예금주들에게 장부상 소유권 이전(book transfer)으로 지급결제서비스를 제공하는 등 효율적인 대금결제 방식을 활용하였다. 이로 인해 거래 시마다 주화를 세는 데 소요되는 시간을 절약하고, 매번 순도와 무게가 상이한 유통주화들의 품질을 확인하는 번거러움도 축소할수 있었다. 초기 은행이 공동의 지급인 역할을 담당하게 되면서 신뢰가 형성되지 않은 이방인 간에도 제3자 채무승계를 통한 상계결제가 용이[9]해지는 등 거래의 효율성이 크게 증대되었다. 또한 초기 은행들은 당좌계좌(current account)에 대해 이자를 지급하지 않았으나 계좌이체 등 지급결제서비스를 별도의 수수료 없이 처리함으로써 편익을 제공하기도 하였다.

한편 예금을 통한 지급거래는 서면을 통한 계좌이체도 가능하였으나, 거래당사자 또는 그 대리인이 직접 은행을 방문하여 구두 요청한 경우에만 법적인 효력이 발생해 대부분의 은행은 상인들이 쉽게 접근할 수 있는 번화가나 항구, 정기시장 등에 위치[10]하였다.

환전업자 또는 초기 은행들의 규모는 영세[11]하여 일반적으로 5~6

---

9  은행 예금을 통한 결제가 활성화됨에 따라 유통주화의 부족과 손상으로 인한 문제 해결에도 도움을 줄 수 있었다.
10  베네치아의 은행들은 시장 번화가였던 리알토(Rialto) 다리 부근에 주로 모여 있었으며, 상파뉴 등 정기시장이 열리면 은행들이 직접 이동하여 창구를 개설하였다.
11  14세기 이후 큰 부를 축적한 이탈리아의 바르디(Bardi), 페루찌(Peruzzi), 메디치(Medici)와 독일의 후거(Fuggers) 등 거상들은 자금력과 글로벌 네트워크를 활용하여 무역업과 금융업을 함께 영위하는 머천트뱅크(merchant bank)로 발전하였다.

명의 소규모 인력으로 이루어졌으며, 대부분의 은행들이 100명부터 1,000명 내외의 고객을 확보하고 예금을 기반으로 주로 지역내 지급결제서비스를 제공하였다. 은행들은 상호 예금계좌를 개설하고 이를 주기적으로 청산하면서 은행간 결제를 처리[12]하였으며, 상인들은 원활한 지급결제서비스 이용을 위해 여러 은행에 계좌를 보유하고 있었다.

## 2. 대출

고대로부터 내려온 대부업자(usurer)들과 달리 환전업자 또는 초기 은행들의 대출업무는 예금수취 및 지급결제의 부수 업무로 시작되었다. 근대적 은행업 출현 이전부터 대부업은 존재하였으나 은행들이 수취한 예금을 대출에 활용하기 시작하면서 본격적인 금융중개기관으로 진화하기 시작했다. 예금자들은 지급결제에 활용하기 위해 계좌 잔액을 상당 기간 보유하는 성향이 있는 바, 은행은 이를 안정적인 대출재원으로 활용이 가능하다. 당시 예금 중에는 자산의 안전한 보관과 지급결제를 주목적으로 하는 당좌계좌(current account) 외에 은행이 대출자금으로 이용할 수 있는 조건부계좌[13](conditioned account)가 상당한 비중을 차지하고 있었다. 은행은 조건부계좌에 남아있는

---

12  A은행의 고객이 B은행의 고객에게 계좌이체를 원하는 경우 A은행 직원이 B은행을 직접 방문하여 B은행에 개설해둔 A은행 명의의 계좌에서 B은행의 고객 계좌로 이체를 지시하는 방식으로 처리하였다.

13  조건부계좌는 현재의 에스크로 계좌와 같이 인출에 제한(자녀의 성년 및 결혼, 부동산 거래 등)이 있어 지급수단으로 이용하기 어려운 대신 은행이 해당 자금을 대출 등에 활용하여 얻은 이자수익 일부를 예금자에게 지급하였다.

지급결제를 알아야 돈이 보인다

잔액들을 모아 특정 개인의 계좌잔액이 부족한 경우 초과 인출을 허용하는 당좌대월(overdraft) 방식으로 상업대출을 제공하였으며, 이외에도 정부 및 귀족 등에 대한 대출, 원정무역 사업에 지분투자하는 방식으로 자금을 운용하기도 하였다. 이중 당좌대월은 당시의 주된 상업대출 방식으로 활용되었으며, 결제 유동성을 공급함으로써 상인들의 유동성 관리부담을 완화하는 기능을 수행하였다.

## III. 초기 은행업의 문제점 및 대응

### 1. 문제점

환전업자가 근대적 은행의 면모를 갖추게 되면서 지급결제서비스 업무 제공 등의 효율성은 크게 개선되었으나, 수익창출을 위해 예금을 대출로 운용하기 시작하면서 신용 및 유동성 리스크 노출로 자산이 부실해지면서 은행이 파산하고, 이로 인해 지급결제시스템이 불안정해지는 문제가 발생하게 되었다.

### 가. 안전자산 부족 등

당시 은행의 자산운용에 대한 기준 등이 부재한 상황하에서 왕족, 귀족, 시정부 등에 대한 대출 뿐 아니라 국채 인수, 금괴 등 원자재 투기, 어음할인, 지급보증 서비스 등 특별한 제약없이 다양한 형태로 자금을 운용하였다. 특히 당시 대출은 만기 1년 미만의 단기로 취급되었던데 반해 은행이 출자자로 참여하는 원정 무역사업의 경우에는 수년에 걸쳐 진행되는 등 자금의 미스매치가 발생하는 고위험 자산에 대한 운용도 진행되었다. 이처럼 당시 은행이 안전하게 운용할 수 있는 자산이 많지 않았으며, 고리대금업 금지의 영향으로 고위험사업에 대한 지분투자까지 성행하였다.

## 나. 외생적 충격에 대응한 리스크 수단 미비

당시 유럽에서는 잦은 전쟁으로 상품가격이 크게 변동해 무역거래 등에 대한 지분투자의 위험성이 매우 컸으며, 특정 시기에 예금인출이 집중되는 경향[14]도 발생하는 등 전쟁, 계절적 변동성 등 외생적 충격이 크고 빈번하였지만 이러한 리스크에 대응하기 위한 수단이 없어 은행 건전성 악화요인으로 작용했다.

특히 실제로 전쟁이 일어나거나 위협만 있어도 교역이 장기간 중단될 수 있으며, 전비 조달 필요성으로 인해 주화가 고갈되는 현상도 발생했다. 주화부족현상은 예금인출을 증가시키고 은행의 준비금을 고갈시키기도 했다.

또한 초보적인 수준에 머물렀던 회계기법으로 인해 은행 장부만 가지고는 은행 전반에 대한 재무상태를 파악하는 데 한계가 있었으며, 이러한 이유로 인해 예금자는 은행 소유주 개인의 신용도에 의존하

---

14  7~8월중 베네치아와 제노바의 상인들은 레반트 무역을 위해 주화를 인출했으며, 피렌체에서는 9~11월중 외곽지역에서 곡물을 구입하기 위해 대규모로 주화를 인출하는 경향이 있었다.

는 경우가 많아, 은행 소유주 개인의 사정에 따라 예금인출 사태가 발생하기도 하였다.

## 다. 위험분산의 어려움으로 은행 파산 증가

은행들은 30% 내외의 지급준비금 보유, 은행간 긴급유동성 공급(credit line) 등 나름의 위기대응 수단을 갖추고자 노력하였다. 그러나 투자대상사업(아프리카 무역 등)의 고위험성에 비해 은행 규모가 영세하여 위험분산(diversification)이 어려웠기 때문에 한두 건의 대출 부실화가 파산으로 이어지는 경우가 많았다. 특히 투자실패 등으로 주화인출 요구가 증가할 경우에는 고의로 영업시간을 단축하거나 주화인출을 일시 중지하는 행태가 만연해 은행에 대한 신뢰가 저하되어 근본적인 대응에는 한계가 있었다. 한편 은행의 주화 지급 회피행태에 대해 정부는 주화지급을 의무화하는 법률을 제정[15]해 예금주의 피해를 없애고자 했으나 큰 실효성은 없었던 것으로 보인다.

## 라. 은행 파산 등으로 민간금융시장에 대한 우려 확대

중세 유럽에서는 아시아 국가들로부터 향신료, 보석 등의 수입이 활발해지면서 금, 은 등 귀금속의 지속적으로 유출되었으며, 15세기

---

15  바르셀로나는 1444년에 고객이 인출을 요구한 후 24시간 이내에 주화를 지급하도록 하는 법률을 제정하였다. 베네치아는 1470년대에 3일 이내에 주화로 지급해야 하고 아침과 저녁에 각각 적어도 2시간을 영업해야 한다는 법을 통과시켰다. 더욱이 1526년에는 주화지급을 회피하기 위하여 문서에 의한 지급지시를 활용한다는 점에 기인해 문서에 의한 지급지시를 금지했다. 피렌체는 1568년 고객의 요구가 있을 때 은행이 주화로만 지급하도록 하는 법안을 통과시켰다.

후반에는 이로 인해 발생한 금괴기근(great bullion famine) 현상이 장기간 지속되면서 경기불황이 유럽 전역에서 은행 파산으로 이어졌다. 또한 베네치아에서는 오스만제국, 피렌체 등과의 전쟁에 따른 과다한 전비 지출로 1499년부터 1500년까지 주요 은행이 파산하고 많은 은행들이 대규모 유동성 위기를 경험하는 등 유럽 전역에서 은행의 유동성 위기, 파산 문제들이 부각되면서 민간 금융시장에 대한 우려가 확대되었다.

## 2. 대응

베네치아 등 금융이 발달한 지역을 중심으로 은행들의 연이은 부실과 파산에 따른 금융위기에 대응하여 은행감독기관 설립 등 규제가 강화되기 시작하였다. 환전업은 발권과 직접적인 관련이 있어 엄격한 규제가 적용되었는데, 피렌체에서는 은행가, 환전업자들의 동업조합이 감독업무를 수행하였으나, 동업조합이 없는 베네치아에서는 정부가 은행 설립 규제(설립시 시의회 인준 및 담보 제공)를 강화하는 한편 1524년 여러 기관에 산재되어 있었던 감독기능을 통합하여 은행감독기관을 설립하고 건전성 규제[16]를 실시하였다.

---

16  15세기 초에는 은행들의 과도한 지분투자 방식의 자금 운용에 따른 위험을 축소하기 위해 지분투자 한도를 은행가 개인 자산의 1.5배로 제한하였으며, 플랑드르 지역의 1477년 법은 은행이 국내외에 관계없이 상품을 취급하거나 그러한 거래의 파트너가 되는 것을 금지했다.

지급결제를 알아야 돈이 보인다

# 2절
# 공공은행의 등장

　민간 은행들의 투자 실패와 대출 부실화 등에 따른 파산이 지급결제시스템 안정성 저하로 이어질 것이라는 우려가 확산되면서 각국은 초기 환전업에서 발전한 민간 은행들 위주의 지급결제시스템의 대안으로 공공은행(public bank)들을 설립하기 시작하였다. 각국의 공공은행 설립의 공통적인 목적은 안정적인 지급결제서비스 제공과 주화 가치의 안정화이다.

　당시 국가들은 국제무역과 상업활동이 국가의 성장과 부를 가져왔다는 사실을 잘 알고 있었고, 화폐제도와 지급결제제도가 안전하게 운영되지 않으면 상인들이 다른 국가와 상거래를 하게 되어 경제적으로 쇠퇴하게 될 것을 우려했다.[17]

　공공은행들은 설립목적 달성을 위해 대출은 전면 금지[18]하거나 예금 압류 금지 등으로 안정적인 자금을 확보토록 하였다.

---

17　안예홍, '지급결제의 주역들', 2021
18　예금주의 예금인출 요구에 상시적으로 대응할 수 있도록 지급준비금을 100% 보유토록 하였다.

최초의 공공은행은 1401년 스페인 바르셀로나에 설립된 공공은행인 타울라은행(Taula de Canvi)으로 알려져 있으며, 이후 제노바, 베네치아, 암스테르담, 함부르크 등 유럽 전역에서 이와 유사한 공공은행들이 설립되었다.

이렇게 세워진 초기 공공은행들은 설립목적과 운영방식 등에 다소의 차이가 있었으나 대체로 주화와 민간 은행예금을 대체하는 안정적이고 효율적인 장부 방식의 지급수단을 제공하고자 하는 공통점을 가지고 있었다. 공공은행은 정부가 직접 설립·운용하기도 하였으나 민간 소유인 경우에도 특정 지급결제업무를 독점 수행하거나 예금에 압류를 금지하는 등의 법률적 특혜를 부여하여 여타 민간 은행과는 차별화를 꾀하였다.

또한 공공은행과 민간은행을 구분할 때 설립목적이 사적이익 추구인지 아니면 공공서비스 제공인지로 구분하는 것이 일반적이었다. 그러나 설립된 공공은행이 사적이익을 추구하더라도 공익을 달성하기 위해 필요한 자금을 조달하는 수단으로 한정되어 있었고 이윤만을 위해 설립되지 않았다는 면에서 공공은행은 민간은행과는 성격이 다르다고 할 수 있을 것이다.

한편 공공은행 중에 정부에 대한 과도한 신용공여로 어려움을 경험한 은행들도 있지만, 상당수의 공공은행이 자신이 속한 국가가 전쟁에 패망할 때까지 오랜기간 업무를 지속하면서 지급결제제도의 발전에 기여하고 중앙은행 태동에 일조한 것으로 평가된다.

지급결제를 알아야 돈이 보인다

# 1. 바르셀로나 타울라은행[19]

　1401년 바르셀로나에 설립된 타울라은행은 1400년경 바르셀로나의 민간은행들의 파산으로 바르셀로나시 정부가 예치한 자금의 안정적인 보관을 목적으로 설립한 중세 유럽 최초의 공공은행이다. 그러나 실제로는 시 정부에 대한 자금 대출과 낮은 비용으로 채무를 상환해 주는 등 안정적인 재정운용 지원이 주된 목적이었다.

　한편 바르셀로나시 정부는 타울라은행에 예금몰수 금지, 독점적인 주화교환과 계정간 이체업무 허용 등 여러 특혜를 주었다. 이러한 특혜에도 불구하고 타울라은행은 민간은행과의 경쟁에서 우위를 점하지 못했는 바, 이는 타울라은행에 대한 시 정부의 막대한 재정자금 대출로 동 은행의 신뢰도가 크게 하락한 것에 기인하며, 1460년에 이르러서는 은행예금을 주화로 상환하는 것을 중지해야 하는 정도에 이르게 되었다.

　타울라은행은 뒤늦게나마 시 정부에 대한 대출을 금지하는 조치를 취하였으나 상황을 뒤집지는 못했고 1641년 카스티야와의 전쟁 발발 이후 영업을 종료하였다. 타울라은행은 유럽 최초의 공공은행이지만 은행의 발달과정이나 지급결제면에서 기여한 바는 크지 않은 것으로 평가된다.

---

19  안예홍, '지급결제의 주역들', 2021

## 2. 베네치아의 리알토은행

1500년대 이후 베네치아에서는 연이은 금융위기 등으로 민간 은행의 파산이 이어지면서 소수의 은행만 남아 영업을 계속하고 있었으며, 은행예금의 가치는 주화에 비해 20% 정도 낮게 평가되고 있었다. 1584년에 마지막 민간은행이 파산함에 따라 시 의회는 지급결제기능을 전문적으로 수행하는 공공은행인 리알토은행(Banco di Rialto)을 설립[20]하였다. 1593년부터는 모든 환어음결제를 리알토은행의 계좌를 통해서만 청산하도록 의무화하였으며, 리알토은행 설립 이후 오랫동안 민간은행이 설립되지 않아 사실상 독점 은행으로 운영[21]되었다.

리알토은행은 대출은 취급하지 않고 수취한 예금을 전액 지급준비금으로 보유하면서 계좌이체와 주화예치 및 인출업무만 수행하는 순수 지급결제 전문은행(narrow bank)으로 운영[22]되었다는 점에서 지급결제 및 중앙은행사 측면에서 큰 의의를 가진다고 할 수 있다. 이는 특히 베네치아에 앞서 바르셀로나(Taula de Canvi) 등에서 설립된 공공은행들은 지급결제기능 외에 대출을 통한 정부의 자금

---

20 당시 베네치아에서는 관행적으로 공직을 경매, 면허 등의 방식으로 민간에 위탁하여 운영하고 있었는 바, 3년 단위로 민간 은행가를 선정하여 운영하였다.
21 1619년 또다른 공공은행인 지로은행(Banco del Giro)이 설립되면서 독점적인 지위를 잃고 1638년 폐쇄되었다. 지로 은행은 리알토은행과 달리 정부 채무의 원활한 인수를 위해 설립되었는데 장부상 신용제공 방식으로 대출을 제공하였으며 이후 연이은 전쟁 등으로 정부 대출이 부실화되면서 쇠퇴하였다.
22 리알토은행은 계좌기반의 지급결제서비스를 제공하였으나, 스톡홀름은행이나 영란은행과 달리 지폐 형태의 은행권을 발행하지는 않았으며, 일상적인 소액 상거래 등에는 주화를 주로 이용하였다.

지급결제를 알아야 돈이 보인다

확보가 주된 목적이었다는 점에서 구별된다. 16세기 후반 베네치아에서 시작된 순수 지급결제기능 중심의 공공은행 설립은 이후 암스테르담은행(1609), 영란은행(1694) 설립 등으로 이어지면서 현대적 의미의 중앙은행 초기 형태로 발전하였다.

# 3절
# 중앙은행의 태동

## Ⅰ. 배경

### 1. 암스테르담 금융시장의 발달

15세기 이후 콜럼버스의 신항로 개척 등으로 대항해 시대가 시작되고 무역의 중심이 지중해에서 대서양으로 이동하면서 대양무역에 강점을 가진 네덜란드가 유럽 물류 및 금융의 중심지로 부상하였다. 네덜란드는 발트해, 북해, 지중해 등과 연결되는 교통 요충지에 위치하여 다양한 국가의 상선이 모이는 유럽 화물의 집산지 역할을 수행하였으며, 뛰어난 조선, 항해 기술 등을 바탕으로 발트해 연안무역을 주도[23]하였다. 특히 네덜란드는 무역의 중심지였을 뿐만 아니라 농경지 부족을 타개하기 위해 대마, 유채, 담배, 호프, 염료식물 등 면적대비 이익이 큰 상업용 작물과 낙농업 등 고부가가치 산업에도 높은 경

---

23  1497년~1660년중 덴마크 세관의 기록에 따르면 16~17세기 무렵에는 발트해 연안을 통과하던 선박중 60% 이상이 네덜란드 선박으로 나타났다.

쟁력을 보유하고 있었다. 16세기 이후에는 네덜란드 독립전쟁(1568 년~1648년)으로 안트베르펜(Antwerp)의 신교도, 유대인 상인 및 금융인들이 종교의 자유를 보장한 암스테르담으로 이주하면서 당초 유럽의 상업 및 금융의 중심지인 브뤼헤(Bruges)와 안트베르펜를 제치고 네덜란드의 황금기를 이끌게 되었다.

## 2. 화폐 및 금융시스템의 혼란

### 가. 주화 유통질서 혼란

암스테르담이 무역 및 금융의 중심지로 부상하면서 각국의 상인들이 활동하게 됨에 따라 여러 국가의 주화가 유입되어 통용되었다. 암스테르담시 정부가 자체 주조소를 갖고 있지 않은 상황하에서 약 800~1,000종의 타 지역 및 외국 주화가 통용되고 있었다. 이에 따라 상이한 화폐단위와 교환비율로 인한 무역 거래 및 결제의 비효율성을 초래하였을 뿐만 아니라 당시의 주조소 난립 등에 따른 심각한 주화 변조[24] 문제로 화폐의 가치에 큰 혼란이 발생하는 등 화폐시스템에 혼란이 가중되고 있었다.

이러한 상황하에서도 중앙집권화가 이루어지지 않은 당시 네덜란드의 정치구조[25]로 인해 주화변조 행태를 직접적으로 통제하기는 쉽

---

24  17세기경 네덜란드에는 지역 정부가 운영하는 14개의 정부 주조소와 40여개의 민간 주조소가 경쟁하면서 주조차익을 늘리기 위한 주화변조 행태가 만연하였다.
25  17세기 네덜란드의 정치구조는 네덜란드공화국과 지방정부로 나누어져 있었는데 대내문제는 각 지방의회와 지방정부에서 전담하고 있었다.

지가 않았으며, 지방정부들은 자체 운영하는 주조소의 이익 증대를 위해 주조 법령을 엄격히 집행하지 않는 경향이 있었다.

이러한 문제점을 해결하기 위해 네덜란드는 주화가치 불안정에 대응하여 주조법령 등 직접 규제를 통해 주화의 법령가치를 지정하게 되었다. 그러나 이처럼 법령을 통한 인위적인 주화가치의 결정은 은 등 금속함량에 따른 내재가치에 비해 법령가치가 낮은 주화를 녹여 법령가치가 높은 주화를 재주조하는 등의 부작용을 초래하는 등 주화의 시장가치와 법령가치가 괴리되는 부작용을 초래하기도 하였다.

## 나. 금융시스템의 혼란

당시 네덜란드의 금융시장은 암스테르담이 국제무역 및 금융의 중심지로 부상함에 따라 무역대금 결제 수단인 환어음[26](bills of exchange)을 현금화해주는 기능을 수행하는 민간 금융업자[27](cashier 또는 Kassier)를 중심으로 형성되었다. 이러한 민간 금융업자들은 지방 주조소와 결탁하여 주화변조를 묵인하고, 금속 함량이 낮은 주화를 유통시키는 등 주화 유통질서를 어지럽히는데 일조하였으며, 예금을 바탕으로 실시한 대출 및 투자 실패로 파산이 빈발하는 등 금융 및 지급시스템의 불안을 야기하였다. 무역거래의 주된 결제수단이었던 환어음의 청산이 원활하게 이루어지기 위해서는 우선 화폐 및 은

---

26  환어음 결제는 어음발행자가 어음인수자(제3자 지급인으로서 은행 등)로 하여금 일정 날짜에 약속된 금액을 지시한 권리자에게 지급할 것을 약속하는 증서로 발행하고, 약속된 날짜에 이를 결제하는 방식으로서 당시의 대표적인 무역대금 결제방식이다.

27  네덜란드에서 캐서는 민간 금융업자로서 이탈리아의 환전업자 또는 은행과 유사한 기능을 수행했다.

행예금의 가치가 안정적으로 유지되어야 했지만, 주화 유통질서 및 금융시스템의 혼란은 국제금융 중심지로서 암스테르담의 지위에 심각한 위협요인으로 작용하게 되었다. 이에 네덜란드 당국은 1604년에 민간 금융업자를 전면 불법화하는 조치를 시행하게 되었다.

## II. 암스테르담은행 설립과 발전 과정

### 1. 암스테르담은행의 주요 업무

#### 가. 암스테르담은행의 설립

암스테르담시 의회는 주화변조 심화 등에 따른 화폐제도의 신인도 저하와 환어음 시장이 위축되지 않도록 하기 위해 1609년 지급결제 업무에 독점권을 갖는 암스테르담은행[28]을 설립하였다. 분권적 성향이 강했던 네덜란드에서 암스테르담은행에만 독점권[29]을 부여한 것은 당시 스페인과의 독립전쟁이 진행하고 있었는 바, 전쟁수행능력을 확충하기 위해서 암스테르담은행을 통해 주화질서와 금융시스템의

---

28  암스테르담시 정부는 손상 주화가 사용되는 지역은 회계단위가 정확하지 않으므로 동 지역을 지급지로 한 환어음시장이 발달하기 어렵다는 점을 감안하여 암스테르담은행을 설립하였다. 이처럼 암스테르담은행은 베네치아의 리알토은행을 본떠 만들었지만, 설립동기가 민간은행의 계속된 파산에 대한 우려라기 보다는 유통주화의 열악한 상태와 그로 인한 환어음의 결제와 관련된 불확실성을 해소하기 위해서였다는 점에서 차이가 있다.(안예홍, '지급결제의 주역들', 2021년)

29  독점적인 은행 운영조치는 1621년 해제하여 민간은행들도 시 정부의 인가를 받아 영업을 할 수 있도록 하였다. 그러나 민간 은행들은 암스테르담은행에 계정을 개설해야만 했고, 24시간을 초과하여 주화를 소유하지 못하고 암스테르담은행에 예치하도록 했다.(안예홍, '지급결제의 주역들', 2021년)

안정성을 확보하여 국제무역 및 금융중심지로서의 지위를 확보하고 강한 경제력을 유지할 필요성 등에 기인한 측면이 크다.

암스테르담은행은 베네치아 리알토은행과 마찬가지로 대출을 금지[30]하고 예금수취 및 지급결제기능 제공에 중점을 두고 운영되었다. 대출을 금지한 것은 민간은행과 같이 예금을 대출로 운용할 경우 대출 부실화에 따른 지급결제시스템 불안 발생 가능성을 우려했기 때문이다. 또한 시 정부는 수시 임점검사를 통해 동 은행의 예금관리 상태를 보증하여 신뢰성을 제고하였다.

### 나. 주요 업무

암스테르담은행은 예금, 결제서비스 및 공개시장조작 업무를 수행하였다. 먼저 예금업무로서 시중에 통용되는 모든 주화를 예치받고, 인출 요구시에는 주화변조가 되지 않은 양질의 주화만을 지급하였다. 이를 위해 민간 금융업자들이 예치한 주화[31] 뿐만 아니라 순도가 확인되지 않는 기타 주화(illegal coin)에 대해서도 주화의 순도 등을 측정하여 그 가치로 예금 잔액을 기록[32]하였으며, 외국 주화도 예치하거나 국내 주화로 환전할 수 있었으며, 금괴, 은괴 등도 귀금속 함량

---

30 설립 초기에는 완전지급준비제도를 표방하여 대출하지 않는 것으로 영업을 시작했으나, 곧 시 정부나 동인도 회사 등의 공공기관과 조폐국장이나 해군 장교와 같은 선별된 개인에게 대출을 실시하였다. 그러나 암스테르담은행은 이들에 대한 대출을 적절히 관리하여 총대출규모가 총자산에 비해 그리 높은 수준이 아니어서 영업기간 전체를 놓고 볼 때 82%의 높은 지급준비율을 유지했다.(안예홍, '지급결제의 주역들', 2021년)

31 1621년 민간 금융업자들을 허가하면서 이들이 예금을 수취하면서 받은 주화를 24시간 내에 암스템르담은행에 예치할 의무도 부여하였다.

32 인근 도시 등에서 주화 제조시 함량이 적은 주화를 제조하는 사례가 많았으며, 이에 암스테르담은행은 주화의 가치를 나타내는 유통플로린을 측정하여 은행예금의 가치를 나타내는 뱅크플로린으로 예금잔액을 기록했다.

에 따라 평가하여 기록하였다.

　암스테르담은행은 상인, 민간 금융업자 등의 예금계좌를 기반으로 계좌이체 방식의 결제서비스를 제공하였다. 암스테르담은행 설립 이후 일정 금액(600플로린) 이상의 거액 환어음결제는 동 은행예금을 통해서만 처리하도록 의무화[33]하였다. 이로 인해 암스테르담은행의 예금계좌 수는 인구의 2% 수준인 수천개에 불과하였지만 건당 결제금액은 주민 연평균 소득의 10배를 넘는 수준을 보여 암스테르담은행이 네덜란드의 거액지급결제시스템의 중심역할을 수행하게 되었다.

　암스테르담은행은 자체 회계단위인 뱅크플로린의 가치를 안정적으로 관리하기 위해 주화 및 은괴의 매매 등 공개시장조작과 유사한 방

### 암스테르담은행의 주요 업무

|  | 예금 | 결제서비스 | 공개시장조작 |
|---|---|---|---|
| 주요 업무 | 모든 주화 수취<br>변조되지 않은<br>양질의 주화만 지급 | 거액 환어음 결제는<br>동 은행을 통해서만<br>처리토록 의무화 | 주화 및 은괴 매매를 통해<br>뱅크플로린 가치를 안정화 |
| 특징 | 주화의 순도 등을<br>측정하여 그 가치로<br>예금잔액을 기록 | 거액결제시스템의<br>중심 역할 수행 |  |

---

33 　거액자금 이외에도 암스테르담시 정부는 암스테르담은행 설립시 계좌이체 시에는 별도의 수수료가 없지만 고객의 예금인출 요구가 있을때에는 예금인출은 허용하되 인출수수료를 최대 2.5% 부과하는 법조항을 명시했는바, 이는 예금 인출을 가능한 한 줄이고, 은행내 계좌 간 자금이체에 의해 상거래의 결제가 이루어지도록 함으로써 주화 유통을 줄이면서 암스테르담은행이 지급결제의 중심이 되도록 유도하기 위한 조치이다.

식을 사용하였다. 17세기 중반 뱅크플로린에 대한 수요의 증가로 가치가 상승하자 암스테르담은행은 주화와 은괴를 매입하고 뱅크플로린의 공급을 확대[34]하였다. 이처럼 화폐의 상대가치 변동을 허용하되 안정적인 수준에서 유지하도록 시장메커니즘을 활용하였다는 점에서 현재 중앙은행이 수행하는 외환시장 개입 또는 공개시장조작과 유사한 방식을 활용하였다.

## 2. 암스트레담은행의 주요 영향

### 가. 독자적 화폐단위 정착

암스테르담은행은 은행권(banknote)을 발행하지는 않아 일상적인 소액 상거래에는 주화가 사용되었다. 발행주체와 함량이 다른 다양한 종류의 플로린[35]이 시장에서 유통되는 상황에서 암스테르담은행은 동 주화들을 예치받은 뒤 주화의 순도 등을 측정하여 그 가치로 예금 잔액을 기록한 후 이를 '뱅크플로린'이라는 통일된 화폐단위로 기록하였으며, 또한 암스테르담은행 예금이 주된 거액결제수단으로 정착되면서 암스테르담은행이 정한 화폐단위(뱅크플로린)가 보편적인 화폐단위로 정착되었다.

뱅크플로린은 쉽게 양질의 주화로 인출할 수 있다는 장점과 공개시

---

34  이러한 공개시장조작으로 인해 뱅크플로린에 대한 신뢰가 18세기 전반까지 지속되어 뱅크플로린이 유통플로린에 비해 항상 4~5%가 높은 수준(프리미엄 아지오)을 유지하였다.
35  플로린(florin)은 유럽의 상당수 도시국가들의 공통된 화폐단위로서 지역마다 가치가 조금씩 다르다.

장조작을 통한 가치의 안정화 등에 힘입어 주화에 비해 통상 5% 정도 더 높은 가치(agio)를 가지는 것으로 인식되었다.

### 나. 불태환화폐의 발행

암스테르담은행의 예금을 주화로 인출할 때 1.5% 내외의 수수료가 부과됨에 따라 1640년대부터는 예금자들은 직접 주화 인출을 요구하기 보다는 시장에서 예금을 매매[36]하기 시작하였다. 동 매매과정에서 주화 대비 뱅크플로린의 프리미엄을 의미하는 아지오[37](market agio 또는 agio)가 형성되는데 이는 오늘날 변동환율제도의 원리와 동일하다.

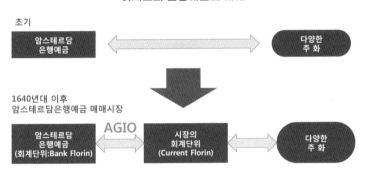

아지오와 은행예금의 매매

자료 : 한국은행

1683년부터는 예금주라 할지라도 주화인출권(receipt)이 있어야 주

---

36  예금자가 민간 금융업자 앞으로 예금을 계좌이체하면 금융업자가 예금자에게 이에 상당하는 주화를 지급한다.
37  예금을 주화로 인출하려는 수요가 증가(감소)하면 상대적으로 은행예금에 대한 수요가 낮아져 아지오는 하락(상승)하게 된다.

화인출이 가능해졌는 바, 인출권 없이는 주화요구가 불가능했지만 계좌이체 방식의 거액지급결제는 여전히 가능했다는 점에서 암스테르담예금은 불태환 지급수단 즉, 법정화폐의 성격을 갖게 되었다. 이로써 암스테르담은행은 직접 발권기능을 수행하지 않았으나, 불태환지급수단을 관리하고 거액지급결제시스템을 운영하였다는 면에서 오늘날의 중앙은행과 매우 유사한 위상을 가지게 되었다.


## III. 암스테르담은행의 쇠퇴 및 영향

### 1. 암스테르담은행의 쇠퇴

1763년 암스테르담 지역내 대형은행이 파산하고 뒤이어 다른 상업은행들의 연쇄 파산 및 금융불안이 발생하는 등 암스테르담은행 지급결제서비스의 주요 수요자인 상업은행들이 연쇄적으로 파산하면서 네덜란드 금융시스템 및 암스테르담은행에 대한 신뢰가 하락하게 되었다.

특히 제4차 영국-네덜란드 전쟁(1780~1784년)에서 패한 이후 암스테르담은행의 쇠락이 가속화 되었다. 초기에는 대출을 취급하지 않던 암스테르담은행은 전쟁으로 자금압박을 받고 있던 동인도회사와 시 정부 등에 낮은 이자율로 대출을 실시하면서 자금사정과 건전성이 크게 악화되었다. 패전 이후 암스테르담은행 예금에 대한 수요가 크게 감소하면서 보유하고 있던 금, 은 등의 자산(metal)이 70%정도 감소(1780년 2천만 뱅크플로린 → 1784년 6백만 뱅크플로린)하였다. 이에 더해 1795년 프랑스의 침공이 임박하면서 은행예금의 인출이 급증하고, 자산 부실화와 주화인출 요구 증가 등으로 준비자산이 빠른 속도로 감소함에 따라 시장신뢰가 급격히 하락하여 아지오도 마이너스로 전환[38]되었으며, 결국 암스테르담은행은 1819년 파산하였다.

## 2. 영향

암스테르담은행의 실패와 함께 금융 중심지로서 네덜란드의 지위도 쇠퇴하였으나, 암스테르담은행은 이후 영란은행 및 미 연준 등의 지급결제업무와 보다 현대화된 중앙은행의 형성과정에 큰 영향을 미친 것으로 평가된다.

### 가. 영란은행의 발전과정과 지급결제제도

영국은 암스테르담은행을 참고하여 영란은행을 설립(1694년)하였으며, 런던 주변지역(반경 65마일)에서 영업 독점권을 가진 은행으로서 성장하면서 신중한 자금운용 등을 통해 신뢰를 구축하였다. 영란은행은 암스테르담은행과는 달리 민영은행[39]으로 설립되었다. 그러

---

38  아지오가 마이너스라는 것은 은행예금의 가치가 하락하여 주화를 보유하는 것이 더 유리하다는 것을 의미한다.

39  영란은행은 합자회사(joint-stock bank) 형태로 설립되어 영국내 금융가, 암스테르담의 투자자, 신교도, 유대인 등 다양한 투자자가 소유하였다.

나 상인들의 거액자금 결제를 중심으로 계좌기반(ledger-money)으로 운영된 암스테르담은행과 달리 영란은행[40]은 지폐 형태의 은행권(bearer banknote)을 발행하였다.

영란은행의 은행권 발행이 가능해진 것은 각종 전쟁으로 재정자금 수요가 크게 늘어난 상황 하에서 정부에게 자금을 공여하는 조건으로 설립이 허가되었으며, 그 대가로 당시의 은행권 발행규모에 비해 막대한 규모의 은행권을 발행할 수 있게 되었고 여타 상업은행에 비해 공신력을 크게 높일 수 있었다. 이에 따라 여타 상업은행의 은행권 발행이 사실상 중단되고 정부와 상인은 물론 상업은행들까지 영란은행에 계좌를 개설하고, 동 계좌를 통해 상호 거래를 결제하게 되었으며 영란은행은 은행의 은행으로서 지급결제제도의 중심기능을 수행하게 되었다.

이 과정에서 수십개의 상업은행들이 타 은행을 지급지로 하는 어음 대금의 추심을 위해 각기 모든 은행을 방문해야 하는데 따른 시간과 비용을 줄이고자 특정 장소에서 정기적으로 만나 상호 어음을 교환함으로써 런던어음교환소가 만들어지게 되었다. 이후 영란은행은 금융위기 발생시 독점적 발권력을 바탕으로 금융시스템의 안정에 기여하는 등 최종대부자 기능을 수행함으로써 현대적 중앙은행으로 발전하게 되었다.

---

[40] 영란은행 이전에 스톡홀름은행은 당시 통용되던 구리화폐를 대신하여 유럽 최초로 지폐 형태의 은행권을 발행(1661년)하였으나, 과도한 대출 및 화폐발행으로 1664년 파산하였다.

지급결제를 알아야 돈이 보인다

## 암스테르담은행과 영란은행 비교

| | 암스테르담은행 | 초기 영란은행 |
|---|---|---|
| 존속기간 | 1609년 ~ 1819년 | 1694년 ~ 현재 |
| 설립목적 | 화폐시스템 안정 및 안정적 환어음결제 시스템구축 | 정부 전쟁자금 조달 |
| 이윤창출 | × | ○ |
| 국고대리 | × | ○ |
| 소유·지배구조 | -암스테르담시 소유<br>-시장이 지휘·감독권 보유 | -투자자(stakeholder) 소유, 합자회사(joint-stock bank) 형태<br>-투자자가 총재 등 주요 임원을 선출 |
| 영업상특권 | 환어음 결제 독점 | 런던 주변지역(반경 65마일) 은행권 발행 독점(19세기초) |
| 대출여부 | 원칙적으로 금지<br>(예외: 동인도회사 등) | 정부 및 일반 대출 |
| 지폐발행 | × | ○ |

## 나. 미국 연준의 지급결제제도 참여 배경

연준(Federal Reserve)이 지급결제제도에 참여하게 된 것은 역사적으로 금융안정과 밀접한 관련이 있다. 19세기말~20세기초 미국의 금융위기는 지급결제제도의 붕괴에 기인하였으며, 특히 1907년에는 은행 및 수표청산소가 일부 은행에서 발행한 수표의 결제를 거부한 것이 금융공황으로 비화되었다. 당시 국가통화위원회(National Monetary Commission)는 1907년 금융공황의 문제점으로 다음의 2가지를 지적하였다.

첫째, 비상시 동일지역내 금융기관의 현금지급 중단을 방지할 수 있는 능력과 수표청산소 관할지역밖에 있는 은행들 간의 협조수단이 미비하였고, 둘째, 지역 간 수표교환을 실시하거나 금융공황시 수표

교환시스템의 마비를 예방할 수 있는 기구가 없었다는 점이다. 미 의회는 이러한 문제점을 해결하기 위해 1913년 연준을 설립하게 되었다. 또한 1980년에는 통화관리법(Monetary Control Act)을 제정하여 연준과 지급결제서비스를 제공하는 민간부문 간의 경쟁을 촉진함으로써 효율적인 지급결제제도를 구축하고자 하였다. 이어 1987년에는 자금결제촉진법(Expedited Funds Availability Act)을 제정하여 지급결제시스템에 대한 연준의 권한을 강화하였다.

지급결제를 알아야 돈이 보인다

# 4절
# 지급결제제도와 중앙은행

일반적으로 중앙은행의 목적은 금융안정 및 물가안정 등으로 알려져 있으나 중세 이후 유럽의 금융 역사를 살펴보면 지급결제제도의 안정적 운영과 감시 및 발전을 위해 중앙은행이 설립되었으며, 핵심적이고 가장 근원적인 책무이며 지급결제제도 확립이라는 확고한 이유가 자리잡고 있다는 사실을 알 수 있다.

근대적 은행업은 환전업자들이 주화를 예치받고 계좌기반의 지급결제서비스를 주된 업무로 제공하기 시작하면서 출현하였다. 이 과정에서 환전업자 또는 초기 은행들은 예금을 통해 지급결제기능을 수행하는 과정에서 안정적인 계좌잔액을 기반으로 대출 및 투자업무도 부수적으로 취급하기 시작하였다.

그러나 민간 은행들이 예금을 대출 등에 활용하면서 은행 파산 및 지급결제시스템 불안이 초래되었던 경험을 교훈 삼아 지급결제기능을 독점적으로 수행하면서 예금을 대출하지 않고 안전하게 보관하는 공공은행이 필요하다는 인식에 의해 이탈리아의 리알토은행 및 네덜란드의 암스테르담은행과 같은 초기 중앙은행 형태의 기관이 설립되었다.

결론적으로 중앙은행 제도는 중세 이후 유럽에서 근대적인 시장경제가 태동하는 과정에서 금융 및 지급결제 시스템을 안전하고 효율적으로 관리하고 운영하기 위한 노력에서 출발하였다.

국가는 중앙은행이 발행하는 법화에 강제통용력을 부여함으로써 중앙은행은 가장 안전한 지급결제자산을 공급하게 되었고, 이에 따라 민간 은행들이 발행하는 은행권 등이 지급결제자산으로 사용되는 데 따르는 혼란을 방지할 수 있는 기반을 마련하였다. 또한 중앙은행은 금융위기 시 발권력을 이용하여 위기 극복에 필요한 긴급자금을 공급하는 최종대부자기능을 통해 금융안정 기능도 수행하게 되었다. 이와 같이 중앙은행은 역사적으로 지급결제제도의 원활한 운영과 금융안정을 본연의 책무로 부여받고 이에 상응하는 기능을 수행하고 있다. 영국의 중앙은행인 영란은행과 미국의 중앙은행인 연방준비은행 등의 설립 배경도 모두 지급결제제도 운영과 깊은 연관성을 가지고 있다.

# 2장

# 우리나라의 지급결제제도

## [지급결제의 현재]

# | 요약 |

우리나라의 지급결제제도는 한국은행이 직접 운영하는 거액결제시스템인 한은금융망을 중심으로, 민간이 운영하는 소액결제시스템, 외환결제시스템, 증권결제시스템이 상호 연계되어 운영되고 있다. 전통적으로 금융기관이 어음, 수표, 계좌이체, 카드 등의 지급서비스를 제공하고 있으며, 최근에는 핀테크업체 등 비금융기업이 선불전자지급수단 발행, 전자지급결제대행 등의 지급서비스를 확대하고 있다.

[한은금융망] 금융기관이 한국은행에 개설한 당좌예금계좌를 통해 콜 · 증권 · 외환 거래 등에 따른 금융기관 간 거액자금이체를 실시간

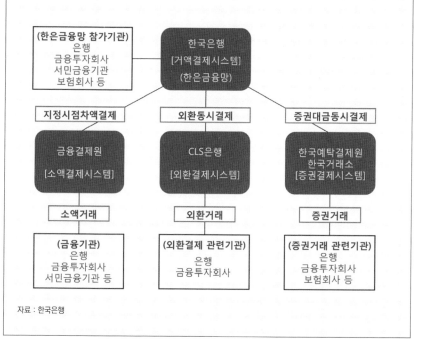

자료 : 한국은행

총액결제방식으로 결제하는 지급결제시스템이다. 참가기관의 자금이체를 당좌예금계좌 잔액 범위내에서 실시간총액결제방식으로 처리해 신용리스크가 원천적으로 제거되는 반면 참가기관의 실시간 결제유동성 조달·관리 부담이 큼에 따라 한국은행은 일중의 일시부족자금을 대출 또는 RP방식으로 지원해 주고 있다.

[소액결제시스템] 기업 또는 개인의 자금이체를 실시간 또는 일괄처리 방식으로 처리하고, 금융기관간 최종 결제는 한은금융망을 통해 다음 영업일 지정시점에 처리하는 지급결제시스템이다. 수취인의 거래은행은 수취인에게 당일 먼저 지급한 자금을 다음 영업일에 지급인의 거래은행으로부터 회수하지 못하는 신용리스크에 노출되므로 한국은행은 참가기관이 자금이체 한도를 설정하고 이에 연동한 규모의 적격담보를 한국은행에 납입하고, 담보로 충당되지 않는 손실에 대한 공동분담제도 등을 내용으로 하는 차액결제리스크 관리제도를 도입하여 운영하고 있다.

[증권결제시스템] 투자자들이 주식 및 채권 등의 거래시 금융투자회사를 포함한 금융기관 등이 한국예탁결제원에 개설한 증권예탁계좌를 통해 증권의 인도를 계좌대체 방식으로 처리하는 지급결제시스템이다.
증권의 매도인(매수인)이 증권(대금)을 인도(지급)했으나 대금(증권)을 지급(인도)받지 못할 경우 발생하는 증권결제리스크를 제거할 수

있도록 한은금융망과 증권결제시스템을 연계하여 증권의 인도와 대금의 지급을 동시에 처리하는 제도를 운영하고 있다.

[외환결제시스템] 기업·개인 등의 외환거래에 따른 이종통화 결제를 금융기관간에 처리하는 지급결제시스템이다. 매도통화와 매수통화의 결제를 동시에 처리함으로써 매도통화를 지급했으나 매수통화를 수취하지 못할 경우 발생하는 외환결제리스크를 제거할 수 있도록 각국 중앙은행 거액결제시스템을 연계하는 제도를 운영하고 있다.

[중앙은행의 감시] 1980년대 이후 지급결제시스템의 구축 및 운영에 대한 ICT 기술의 본격 활용은 지급거래의 시간적·장소적 한계 극복의 획기적 계기로 작용하였다. 그러나 소수의 주요 결제시스템으로의 집중 심화, 기술적 복잡성 증대 등 결제리스크의 증대로 시스템 리스크 가능성이 커지는 등 지급결제의 안전성과 효율성 확보에 대한 우려가 확대되었다. 이에 금융시스템을 보호하는 지급결제시스템 감시(oversight) 업무가 중앙은행의 주된 기능이 되었다. 이에 우리나라도 2003년 한국은행법을 개정하여 지급결제 관련 기존 시스템 및 운영 예정인 시스템의 모니터링, 평가, 개선권고 등 포괄적인 감시권한을 한국은행에 부여하였으며, 현재 한국은행은 금융결제원, 한국거래소 및 한국예탁결제원 등이 운영하는 지급결제시스템(중요지급시스템 10개, 기타지급시스템 20개)에 대한 감시업무를 수행하고 있다.

# 1절
# 지급결제의 개념

　경제주체가 실물 및 서비스 구입, 금융거래 등 각종 경제활동의 결과 발생하는 채권·채무관계를 현금, 지급카드, 계좌이체와 같은 지급수단을 이용하여 해소하는 행위를 지급결제(payment and settlement)라고 한다. 식사후 카드로 대금을 지불하는 것, 부모님이 인터넷뱅킹으로 용돈을 송금하는 것, 기업이 어음 등으로 원자재 구입대금을 지급하는 것, 계좌이체로 종업원에게 급여를 지급하는 것 모두 지급결제의 예라고 할 수 있다.

　우리가 사용하는 지급수단에는 여러 가지가 있지만 가장 중심이 되는 것은 현금이다. 현금은 중앙은행이 발행하는 지급수단으로서 공신력을 국가가 보장하고 있으므로 어떤 거래에서도 현금을 지급하면 더 이상의 결제과정을 거칠 필요가 없이 지급결제가 마무리된다. 그러나 현금 대신 계좌이체, 지급카드, 어음·수표 등과 같은 비현금지급수단은 지급인이 자신의 거래은행에 맡겨 놓은 돈을 수취인에게 지급하여 줄 것을 요청(지급지시 전달)하는 수단에 불과하다. 그러므로 이러한 비현금지급수단을 사용하는 경우에는 지급인의 금융기관 예금계좌에서 해당 금액을 인출하여 수취인의 예금계좌로 입금하여 주는 금융기관 간의 자금이체 절차를 거쳐야 한다.

금융기관 간의 자금이체를 위해서는 먼저 지급인과 수취인이 지급지시를 주고 받을 수 있는 접근장치와 접근채널이 필요하다. 주로 이용되는 접근장치로는 PC, 휴대전화, 플라스틱 카드와 금융기관이 제공하는 장표 등이 있다. 지급지시 정보가 금융기관에 전달되는 접근채널로는 금융기관이 운영하는 영업창구, 인터넷, CD/ATM 및 모바일 접근채널(어플리케이션, IC칩) 등이 이용되고 있다.

지급인과 수취인으로부터 금융기관에 전달된 지급지시는 각 금융기관이 중앙은행에 개설해 놓은 당좌예금 계좌간의 자금이체를 통하여 최종 결제된다. 즉 중앙은행은 지급인이 거래하는 은행의 당좌예금계좌에서 자금을 출금하여 수취인이 거래하는 은행의 당좌예금계좌로 입금하게 된다. 이와 같이 경제주체들의 일상적인 지급이나 금융상품 거래를 청산, 결제 또는 기록할 목적으로 사용되는 지급결제시스템을 금융시장인프라(FMI: Financial Market Infrastructures)라고 한다. 수취인의 입장에서 보면 상품 판매에 따른 대금결제는 금융시장인프라를 통한 금융기관간의 자금이체 과정을 거쳐 자신의 예금계좌에 대금이 입금되어야만 비로소 완료되는 것이다.

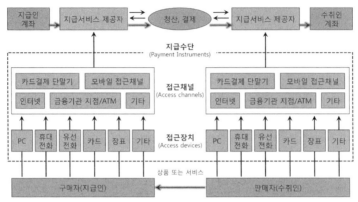

### 지급결제의 흐름

→ 지급지시 흐름  ⇒ 자금 또는 상품, 서비스 흐름

자료: BIS, 지급결제 및 시장인프라위원회(CPMI)

한편 증권이나 외환 등 금융상품 거래는 금융시장인프라에 의해 직접 청산되고 최종 결제된다. 거래당사자간 거래 확인 후 최종적으로 수취하거나 지급해야 할 차액을 산출하는 청산과정을 거쳐 자금의 이체 또는 증권의 이전을 통해 결제가 실행되는데 이러한 과정은 모두 금융시장인프라를 통해 처리된다. 이와 같이 현금 이외의 지급수단을 통한 자금거래나 금융상품 거래가 우리사회에서 널리 통용되는 것은 지급결제제도[41]를 통해 틀림없이 자금이 이전된다는 믿음이 있기 때문이다. 따라서 개인, 기업, 정부 등 경제주체들의 금융거래나 경제활동에서 발생하는 지급결제가 원활히 이루어지기 위해서는 지급결제제도가 안전하고 효율적으로 운영될 필요가 있다.

---

41  지급결제가 원활히 이루어지도록 해주는 금융시스템의 하부구조를 지급결제제도라 한다.

지급결제를 알아야 돈이 보인다

# 2절
# 중앙은행의 지급결제업무

　중앙은행은 지급결제시스템 운영자, 감시자, 발전촉진자로서의 기능을 모두 수행하고 있다. 지급결제시스템 운영자(operator)로서 거액결제시스템(BOK-Wire+) 운영, 일시 결제부족자금 지원 등 지급·청산·결제 서비스 제공을 통한 지급결제제도의 원활한 운영을 담당하고 있다.

　감시자(overseer)로서는 소액결제시스템 및 증권결제시스템에 대한 모니터링, 평가, 개선권고, 평가결과 공표 등을 통해 지급결제제도의 안전성 및 효율성을 제고하고 있으며, 발전촉진자(facilitator)로서 금융결제원 이사회의 의장기관으로서 소액결제업무 의사결정에 참여, 금융정보화추진협의회 운영(표준화, 안전대책 수립 및 마련) 등 지급결제 혁신 및 발전을 위해 다양한 업무를 수행하고 있다.

# 중앙은행의 지급결제업무

| 1. 운영자 (Operator) | 2. 감시자 (Overseer) | 3. 발전촉진자 (Facilitator) |
|---|---|---|
| ▪ 거액결제시스템 운영 (최종 결제기관)<br><br>▪ 일시 결제부족자금 지원 | ▪ 지급결제시스템(소액 결제시스템, 증권결제 시스템 등) 모니터링, 평가, 개선권고<br><br>▪ 평가결과 공표<br><br>▪ 시스템 참가기관 공동 검사, 자료제출요구, 통계조사 | ▪ 소액결제업무 의사결정 참여<br><br>▪ 금융정보화추진협의회 운영(표준화, 안전대책)<br><br>▪ 포럼, 세미나, 컨퍼런스 등 개최<br><br>▪ 정부 TF 참여<br><br>▪ 국제협의체(CPMI-IOSCO, EMEAP, SEACEN, CLS, ASEAN+3 등) 참가 |
| ➤ 지급·청산·결제 서비스 제공을 통한 지급결제제도의 원활한 운영 | ➤ 지급결제제도 안전성 및 효율성 확보 | ➤ 지급결제 혁신 및 발전 지원 |

자료 : 한국은행

# 3절
# 지급결제 과정

## Ⅰ. 지급

지급(payment)이란 소비자, 구매자 및 채무자 등이 재화 및 서비스를 수취하고 이에 대한 대가로 소비자 등이 현금 또는 카드 등을 통해 화폐적 가치를 이전하는 행위이다. 따라서 지급이란 현금 지급과 화폐적 가치의 이전 행위가 이루어졌을 때 지급은 완료되었다고 본다. 이때 현금으로 지급행위가 이루어졌다면 지급행위와 동시에 모든 경제활동이 마무리된다. 그러나 비현금지급수단으로 지급이 이루어지게 되면 지급인이 자신의 지급채무를 해소하기 위하여 수취인 앞으로 자금이체를 의뢰하는 지급지시(payment order)를 송부하고, 수취인이 이를 수신하게 되는데, 이는 지급결제의 시작 단계이다. 또한 현금 이외의 지급수단으로 이루어진 지급의 경우에는 지급서비스를 제공하는 기관(은행, 증권사, 신용카드사, 전자금융업자 등) 앞으로 계좌이체, 지급카드, 어음, 수표 등의 지급수단을 통해 지급을 의뢰하게 된다.

# II. 청산

청산(clearing)은 현금[42] 이외의 지급수단으로 지급이 이루어졌을 때 금융기관들이 서로 주고 받을 금액을 계산하는 것이다. 청산기관(clearing house)이 거래당사자 간에 개입해 결제를 위해 송부된 계좌이체, 어음, 수표 등의 지급수단을 확인한 후 최종적으로 수취하거나 지급해야 할 차액을 산출하게 된다. 거래 이후 발생하는 지급수단의 수령, 조회, 통지 및 차액계산이나 결제전의 포지션 산출과정 등의 모든 것이 청산의 범위 안에 들어간다.

## 청산 과정(예시)

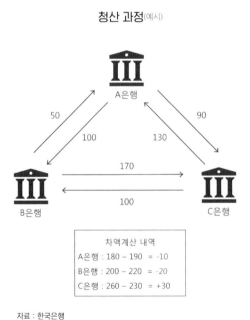

자료 : 한국은행

---

42  현금의 경우 지급과 동시에 결제가 완료되므로 별도의 청산절차가 필요 없다.

# Ⅲ. 결제

　결제(settlement)는 청산과정을 통해 계산된 금액을 지급하여 완결
시키는 과정으로 각 금융기관이 중앙은행에 개설한 당좌예금계좌 간
자금이체 등을 통하여 지급은행에서 수취은행으로 실제로 자금이 이
동되어 최종적으로 채권 · 채무관계를 종결하게 된다.

### 한은금융망을 통한 최종 결제(예시)

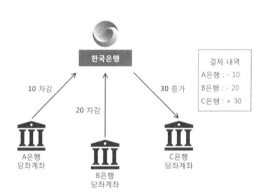

| 결제 내역 |
| --- |
| A은행 : - 10 |
| B은행 : - 20 |
| C은행 : + 30 |

자료 : 한국은행

　한편 위와 같이 단순히 자금이 거래 당사자 일방에게 이체되는 단
순형 결제와 금융자산과 자금의 교환이 함께 일어나는 가치교환형
(exchange-of-value) 결제로 분류할 수 있다. 자금결제시스템에서는
통상 단순형 결제가 실행되고 있으며, 가치교환형 결제는 거래의 구
성요소인 화폐의 지급(또는 화폐적 가치의 이전)과 대상 물건(증권거래
에서의 증권, 외환거래에서의 이종 통화)의 인수도를 동시에 처리한다.

# 4절
# 지급결제제도

　지급결제제도란 경제주체들의 금융거래나 경제활동에서 발생하는 자금과 금융자산의 지급, 청산, 결제를 가능하게 하는 금융시스템의 하부구조를 말하는 것으로, 지급수단, 지급결제 담당기관, 지급결제시스템 등으로 구성[43]된다. 지급수단은 현금과 비현금 지급수단으로 나눌수 있으며, 지급결제 담당기관은 지급서비스 제공기관, 청산기관, 결제기관으로, 그리고 지급결제시스템은 자금결제시스템, 증권결제시스템, 외환결제시스템으로 구분된다.

---

43  지급결제제도의 기본구조로 넓게는 중앙은행, 지급결제제도 담당기관, 관련법규, 지급수단 및 금융시장인프라로 구분할 수도 있다.

# Ⅰ. 지급수단

    지급수단은 크게 현금과 비현금 지급수단으로 구분 가능하다. 경제활동에 따른 현금의 지급 및 수취가 발생하게 될 경우 별도의 청산 및 결제 과정없이 모든 거래가 완결된다. 반면 대규모 거래가 빈번한 경우 현금을 통한 거래시 운송, 보관비용 뿐만 아니라 도난의 우려 등으로 인해 현금의 지급 및 수취로 모든 경제활동을 영위하기는 사실상 불가능하며, 장표 지급수단(어음, 수표 등)과 기술의 발전에 따른 전자지급수단(신용카드, 직불카드, 모바일, 인터넷뱅킹 등)과 같은 비현금지급수단의 비중이 증가[44]하게 된다. 이 경우 지급인과 수취인의 거래를 종료하기 위해서는 제3자의 개입, 즉 금융기관 간 청산 및 결제 과정이 필요하게 된다. 이처럼 지급수단은 경제환경과 기술변화에 따라 진화를 거쳐 현금지급 방식에서 비현금지급 방식으로 진화하고 있다.

### 지급수단의 진화 과정

자료: 덩어리화폐(Goldbergauctions.com), 아우레우스 금화(Dix Noonan Webb), 태환지폐(Rich Dads News), 불환지폐(first digital trust), 마그네틱카드(Dreanstune.com), 스마트폰(First national bank)

---

44  지급결제시스템이 발전할수록 현금 등과 같이 물리적인 실체를 가진 지급수단 보다는 화폐적 가치를 지닌 정보의 지급수단으로 활용이 증가하게 된다.

# 1. 현금

현금은 소액거래에 가장 보편적으로 이용되는 지급수단으로 지폐(은행권)와 주화로 구분된다. 현재 우리나라에서는 「한국은행법」제47조에 의거 한국은행이 발행하는 4종의 지폐(천ㆍ오천ㆍ만ㆍ오만 원권)와 6종의 주화(일ㆍ오ㆍ십ㆍ오십ㆍ백ㆍ오백 원화)가 유통되고 있다. 시중에 유통되는 화폐발행잔액의 대부분은 지폐가 차지하고 있으며, 2009년 5만 원권이 발행된 이후 고액권의 비중이 빠른 속도로 증가하고 있다.

1990년대 이후 신용카드, 인터넷뱅킹 등 다양한 전자지급수단이 보편화되면서 현금의 이용 비중은 점차 낮아지는 추세를 보이고 있다. 이와 같은 추세에도 불구하고 현금은 소액거래시 사용이 편리하고 경조사비와 같은 개인간 거래시 선호되는 경향이 있어 현금에 대한 수요는 당분간 지속될 것으로 예상된다.

# 2. 비현금지급수단

비현금지급수단은 금융기관을 거쳐 현금화할 수 있는 지급수단을 말하는데 여기에는 계좌이체, 지급카드, 어음이나 수표 등이 포함된다. 또한 지급결제과정에서 종이로 제작된 장표가 실제로 이동하는지 여부에 따라 장표방식과 전자방식으로 구분할 수도 있다. 장표방식 지급수단에는 어음, 수표, 지로 등이 있으며, 전자방식 지급수단에는

지급결제를 알아야 돈이 보인다

신용카드, 체크카드 등 지급카드와 계좌이체 등이 있다. 최근에는 지급서비스 방식이 다양화되면서 전통적인 지급수단 분류방식 대신 인터넷뱅킹, 모바일 지급카드 등 접근 채널별로 분류하기도 한다. 한편 특정 지급수단의 수용성과 경제에 미치는 영향은 지급수단 자체의 특성 및 지급서비스 제공기관의 신뢰도 뿐만 아니라 금융시장인프라를 통한 청산, 결제 절차 등에 따라 좌우되기 때문에 지급수단과 금융시장인프라는 밀접히 연결되어 있다.

## 3. 이용 현황

지급수단의 발전에 따라 최근 우리나라의 지급수단별 이용현황도 현금 보다 비현금의 비중이 월등이 큰 것으로 나타나고 있다. 특히 신용카드 및 직불(체크)카드의 이용금액비중(월평균)의 경우 66.4%로

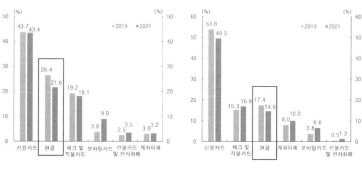

자료 : 한국은행

현금 이용비중(14.6%)을 크게 앞서고 있으며, 모바일을 통한 계좌이체의 급증 등으로 인해 계좌이체비중(10%)도 빠르게 증가하고 있는 것으로 나타나고 있다.


## II. 지급결제 담당기관

지급결제 담당기관은 ① 지급서비스 제공기관 ② 청산기관 ③ 결제기관으로 구분 가능하다.

### 1. 지급서비스 제공기관

지급서비스(payment service)란 경제주체가 지급수단의 이전을 통해 지급행위를 할 수 있도록 금융기관 등이 제공하는 금융서비스를 말한다. 이러한 지급서비스는 인터넷뱅킹 등의 자금이체 뿐만 아니라 어음 · 수표, 카드, 선불전자지급수단 등 지급수단의 발행과 통신IT기기를 이용한 전자지급결제대행 등도 포함한다. 지급서비스 제공기관은 서비스 제공에 따라 발생하는 금융기관 간 채권 · 채무를 종결하기 위해 지급결제시스템에 직접 참가하거나, 직접 참가가 어려울 경우 시스템에 참가하고 있는 금융기관에 청산 · 결제업무의 대행을 의뢰한다.

한편 그동안 자금이체 등의 지급서비스는 예금수취기관이 취급하는 요구불예금에 부가된 고유업무로 인식되어 왔으나 최근 들어 카드, 전자화폐, 모바일뱅킹, 가상화폐 등 지급서비스 관련 신기술의 개발, 소비자의 금융서비스 편의성 향상, 금융기관 간 공정한 경쟁여건 조성 등의 지급결제환경 변화로 비은행금융기관과 비금융기업도 은행과 제휴하거나 지급결제시스템에 직접 참가함으로써 지급서비스 기능을 확대하고 있다.

### 가. 은행

은행은 「은행법」상 환업무[45]가 고유업무로 허용되어 있어 요구불예금을 근거로 다양한 지급서비스를 제공한다. 이를 위해 은행은 거액결제시스템인 한은금융망은 물론 어음교환시스템, 지로시스템, 타행환공동망 등 소액결제시스템 참가를 통해 어음·수표 등의 지급수단을 발행하고, 지로, 타행환, CD/ATM, 자금관리서비스(CMS), 텔레뱅킹, 인터넷뱅킹 등의 계좌이체 및 현금 출금 등의 지급서비스를 제공한다.

### 나. 비은행예금취급기관

새마을금고, 신용협동조합, 상호저축은행 등 서민금융기관은 해당 설치 근거법에 따라 중앙회 등의 중앙조직 차원에서 환업무를 할 수

---

45  환업무란 지리적으로 떨어져 있는 자금거래 당사자간 현금을 직접 주고 받는 대신 은행 및 체신관서 등이 발행한 증서나 유·무선 전화, 인터넷 및 CD/ATM 등 금융전산망에 연결된 각종 통신망을 이용하여 자금을 수수할 수 있도록 해주는 업무이다.

있도록 허용되어 있으나 자금조달 및 운용 등에서 은행과는 상이한 규제를 받으며, 제공하는 지급서비스도 제한적이다. 상호저축은행 및 신용협동기구는 2002년 해당 조직을 대표로 금융결제원에 특별참가하여 지로, CD, 타행환, CMS, 전자금융 등의 서비스를 제공하고 있으며, 2008년부터 자기앞수표 발행이 가능해지면서 어음교환시스템에도 참가하고 있다. 그러나 결제리스크의 방지를 위해 소액결제시스템의 차액결제는 중앙조직이 선정한 결제대행은행을 통하여 이루어진다.

우체국의 경우에도 금융결제원에 특별참가하여 어음·수표의 발행, 지로, CD, 타행환, CMS, 전자금융 등의 서비스를 제공한다. 이외에도 우체국은 우편환과 우편대체서비스를 제공한다.

### 다. 금융투자회사

금융위원회로부터 「자본시장법」에 의한 투자매매업 또는 투자중개업 인가를 받은 금융투자회사는 2009년 2월 「자본시장법」 시행에 따라 개인고객들을 대상으로 자금이체서비스를 직접 제공할 수 있게 되었다. 종전에는 은행과의 제휴를 통하여 자금 입·출금, 계좌이체 등의 자금이체서비스를 간접적으로 제공하여 왔다. 금융투자회사는 금융결제원이 운영하는 소액결제시스템에 참여하여 자금이체 업무는 직접 수행하되 차액결제리스크 방지를 위해 차액결제는 대행은행을 통해 처리한다. 다만 금융투자회사의 자금이체서비스는 금융권 간 자금의 급격한 이동을 방지하기 위하여 법인을 제외한 개인고객만을 대상으로 제공되고 있다.

## 라. 신용카드회사

신용카드를 통한 지급행위가 발생하면 신용카드회사는 판매자에게 판매대금을 우선 지급하여 신용카드 사용자에 대해 신용을 공여하게 된다. 이때 신용카드 발급은행 또는 카드발급기관의 거래은행과 판매점의 거래은행이 다른 경우 금융결제원의 소액결제시스템을 거쳐 자금정산이 이루어지고 한은금융망을 통하여 차액결제가 이루어지게 된다.[46]

신용카드회사는 은행계와 비은행계로 구분되며 대부분은 국제적 서비스망을 갖춘 VISA사, MasterCard사 등과 제휴하여 해외에서도 신용카드를 사용할 수 있도록 하고 있다. 신용카드 제공서비스는 일반구매, 할부구매, 현금서비스, 카드론 등으로 구분되며 각 카드사는 금융위원회가 정한 최고한도 범위 내에서 회원별로 한도를 설정하여 운용하고 있다. 한편 신용카드회사는 부대업무로 직불형 및 선불형 카드로 발행할 수 있다.

## 마. 전자금융업자

금융기관의 경우에는 금융위원회 등록없이도 전자금융거래 업무를 수행[47]할 수 있다. 전자금융업자는 전자지급결제대행업[48](PG: Payment

---

46  BC카드사의 경우 BC카드사가 회원은행간의 결제금액을 정산하여 받을 금액이 있는 은행에게 차액결제대금 영수증을 발급하고 회원은행은 동 영수증을 금융결제원의 어음교환소에 회부하여 차액결제대금을 회수한다.

47  은행, 금융투자업자, 보험회사, 상호저축은행, 신용협동조합, 여신전문금융회사, 우체국, 새마을금고 등은 전자금융거래법상 금융위원회 등록절차 없이 모든 전자금융거래 업무를 수행할 수 있다.

48  전자상거래에서 구매자로부터 대금을 수취하여 판매자에게 최종적으로 지급될 수 있도록 지급결제정보를 송·수신하거나, 그 대가의 정산을 대행하거나 매개하는 서비스를 제공한다.

Gateway), 선불전자지급수단 발행 및 관리업, 결제대금예치업, 직불전자지급수단 발행 및 관리업, 전자고지결제업 등 5개 종류의 전자지급결제 서비스를 제공하고 있으며, 업체에 따라 다양한 업종을 겸업하기도 한다.

### 바. 전자금융보조업자

금융기관 또는 전자금융업자를 위하여 전자금융거래를 보조하거나 그 일부를 대행하는 업무를 행하는 자 또는 결제중계시스템의 운영자로서 금융위원회가 정하는 자를 말한다. '신용카드 VAN사업자[49]'와 '점포외 CD/ATM 서비스업자[50]'가 있다.

### 사. 기타 지급서비스 제공자

최근에는 기술의 발전 등으로 인해 이동통신회사 IT기업들도 지급서비스업에 참여하고 있다. 이동통신회사는 은행과 제휴하여 사용자가 휴대전화 등 모바일기기의 무선인터넷을 통하여 금융기관의 사이트에 접속, 자금이체 등의 지급서비스를 이용할 수 있는 모바일뱅킹 서비스를 제공하고 있다. 모바일뱅킹 서비스는 통신회사가 은행에 무선결제플랫폼을 제공하고 은행이 고객정보와 대금결제과정 전반을 관리하는 구조이므로, 서비스 이용을 위해서 우선 인터넷뱅킹에 가입

---

49  신용카드사와 가맹점간 통신망 구축 및 단말기 설치, 신용카드 거래의 전송 및 조회, 매출전표 수집 및 청구 대행 등 신용카드 지급결제와 관련된 다양한 업무를 수행한다.
50  금융기관과 제휴하여 편의점, 공공장소 등에 CD/ATM 기기를 설치하고 이를 이용하여 현금인출, 현금서비스 및 계좌이체 등의 지급서비스를 제공한다.

하여야 하며 계좌이체도 인터넷뱅킹과 마찬가지로 금융결제원의 전자금융공동망을 통해 처리된다.

비금융IT기업인 다음카카오는 2014년 11월부터 금융결제원 및 국내은행과 연계하여 SNS기반 모바일지갑인 '뱅크월렛카카오' 서비스를 제공하고 있다.

## 2. 청산기관

현금 이외의 지급수단을 사용한 경우 지급인과 수취인의 거래 금융기관 간 서로 주고 받을 금액(증권)을 차감하여 최종적으로 채권·채무를 확정하는 기관을 청산기관이라 말하여, 금융기관 간 자금관련 채권·채무 금액은 금융결제원, 증권(채권, 주식) 관련 채권·채무 금액은 한국거래소가 담당한다.

## 3. 결제기관

청산기관에서 확정된 결제금액(증권 포함)을 금융기관 간 계좌대체로 지급결제과정을 마무리하는 기관으로 한국은행과 예탁결제원이 여기에 해당한다. 한국은행은 일반적인 경제활동으로 금융기관간 결제금액을 청산기관(금융결제원)으로부터 통보받은 경우 한국은행에 개설된 금융기관의 당좌예금간 계좌대체로 거래를 종결하게 된다.

증권(주식 및 채권)거래의 경우 청산기관(한국거래소)이 확정한 결제금액과 증권 거래내용 등을 한국은행과 한국예탁결제원으로 송부하여 자금결제와 증권거래(이전) 내용을 확정하게 된다.

한편 청산기관으로부터 확정된 자금을 결제하는 방식(아래 〈참고 1〉 '결제방식' 참조)에 따라 실시간총액결제(RTGS: Real Time Gross Settlement) 방식, 이연차액결제(DNS: Deferred Net Settlement) 방식, 증권·외환매매에 따른 결제[51]방식으로 구분 가능하다.

<참고 1>　　　　　　　결제방식

### 1. 실시간총액결제 방식

실 시 간 총 액 결 제 (RTGS) 방식은 결제금액이 커 결제시점 관리가 중요한 거액결제 시스템에서 주로 사용하는 것으로, 금융기관 등이 한국은행에 지급 요청할 경우 즉시 건별로 결제가 이루어져

**실시간총액결제(RTGS) 방식**

| 결제 건수 | 필요유동성 규모 | 결제리스크 규모 |
|---|---|---|
| 12 | 420 | 작음 |

---

51　가치교환형 결제를 말한다.

신용리스크가 없는 장점이 있다. 그러나 건별로 요청 금액만큼의 자금이 필요해 결제에 필요한 유동성이 과다 요구되는 단점이 있다.

## 2. 이연차액결제 방식

이연차액결제(DNS) 방식은 지급이 소액·대량으로 인해 매번 총액으로 결제를 완료시키기 보다는 일정기간 동안의 모든 지급·수취 자금을 서로 차감한 후 차액을 한번만 결제하고, 결제유동성을 크게 절감(420→70)하는

**이연차액결제(DNS) 방식**

| 결제건수 | 필요유동성 규모 | 결제리스크 규모 |
|---|---|---|
| 4 | 70 | 큼 |

등 결제효율성을 크게 높일 수 있다. 그러나 결제 이연에 따라 신용리스크가 증가하게 되는 단점이 있다.

## 3. 가치교환형 결제(증권, 외환)

지급에 따른 결제의 경우 일방이 다른 일방에게 자금을 인도하면 결제가 완료되지만, 증권 및 외환 매매의 경우는 증권 인도(외환 매도)와 결제자금 결제 등 2가지 프로세스가 진행되어야 한다. 이 경우 상대방의 지급불능에 따른 신용(원금)리스크에 노출될 가능성이 있는

바, 청산소를 이용하여 증권 인도(외환 매도)와 결제대금 지급(외환 매입)이 연계하여 동시에 결제되게 함으로써 신용리스크를 제거할 필요가 있다. 이를 위해 증권결제의 경우 DVP 방식에 의한 동시결제, 외환매도 · 매입은 PVP 방식에 의한 동시결제를 활용한다.

동시결제(DVP, PVP) 방식

# 5절
# 우리나라의 지급결제시스템

우리나라의 지급결제시스템은 자금결제시스템, 증권결제시스템 및 외환결제시스템으로 구분한다.

[자금결제시스템] 경제활동에 따른 자금이동과 관련 결제시스템으로 청산과정없이 금융기관이 직접 한국은행에 요청하여 자금을 이체할 수 있는 거액결제시스템과 일정기간동안의 모든 지급과 수취된 자금을 서로 차감한 후 차액만 결제하는 소액결제시스템이 있다.

[증권결제시스템] 청산기관인 한국거래소를 통해 확정된 증권인도와 대금지급을 연계하여 동시결제(DVP: Delivery versus Payment)하는 방식을 말한다.

[외환결제시스템] 청산기관인 CLS(Continuous Linked Settlement)은행을 통해 확정된 원화와 외화를 연계하여 동시결제(PVP: Payment versus Payment)하는 방식을 말한다.

한편 결제과정은 대부분 지급지시→청산→결제의 단계를 거쳐서 종결된다.

우리나라 지급결제시스템의 흐름

자료 : 한국은행

# Ⅰ. 거액결제시스템 - 한은금융망(BOK-Wire+)

채권 · 채무 관계의 해소를 위해 이전된 화폐적 가치를 최종적으로 종결하기 위한 시스템으로 거액결제시스템(large-value payment system)과 소액결제시스템(retail payment system)으로 구분된다. 이중 거액결제시스템은 주로 금융기관 간에 거래되는 원화 거액자금(콜, 증권 및 외환매매 등)을 건별로 즉시 결제하는 실시간총액결제시스템

지급결제를 알아야 돈이 보인다

(RTGS: Real Time Gross Settlement)으로 중앙은행인 한국은행이 직접 운영하고 있으며, 이를 한은금융망(BOK-Wire+)라 부르고 있다.

## 1. 한은금융망 구축 및 가동

실시간총액결제방식 이전에는 많은 국가의 중앙은행들이 이연차액결제(DNS) 방식의 거액결제시스템을 운영하였다. 이는 일정기간중 참가기관의 양자간 또는 다자간에 지급할 총금액과 수취할 총금액을 모아서 상계 처리한 차액을 일정 시점에 결제하는 방식이다. 이연차액결제방식은 상계한 차액만을 결제하면 되므로 결제유동성을 절감할 수는 있으나 결제시점까지 결제가 완료되지 않아 신용리스크에 노출되는 문제가 있다.

이에 비해 실시간총액결제방식은 건별 자금이체지시에 대한 결제를 영업시간중 실시간으로 처리하는 방식으로 개별 자금이체 신청에 대하여 연속적으로 결제의 완결성을 부여하여 일단 결제가 완료되면 취소가 불가능(irrevocable)하기 때문에 결제과정에서 발생할 수 있는 결제리스크를 원천적으로 제거할 수 있다. 이러한 장점으로 인해 미국(Fedwire, 1982), 스위스(SIC, 1987) 등을 시작으로 1990년대 들어서는 주요 선진국들이 대부분 실시간총액결제시스템을 도입하였으며, 우리나라도 1994년 12월 한국은행금융결제망(Bank of Korea Financial Wire Network, 약칭 한은금융망)을 구축하여 가동하기 시작하였으며, 2009년 한은금융망 재구축시 RTGS방식을 기본으로 하되,

일부 거래에는 차액결제방식을 도입한 혼합형결제시스템[52]을 도입하여 운영하고 있다.

## 2. 한은금융망 취급업무

한은금융망은 금융기관 간 원화자금 이체 및 금융기관 간 콜 자금의 공급·상환, 외환매매거래의 원화대금 결제(상대통화는 해당국 결제시스템 활용), 증권매매거래의 대금 결제, 은행간 어음교환, 지로, 은행공동망의 차액 결제액을 최종 결제하는 등 우리나라 금융시장에서 이루어진 금융기관 간 거래의 원화자금 결제를 대부분 처리하고 있다.

한편 지급결제시스템의 안전성 강화 등을 위해 고객 간 자금이체에 따라 금융기관에 발생하는 신용리스크를 원천적으로 차단하기 위해 한은금융망에 실시간총액결제(RTGS) 방식의 신속자금이체시스템[53] 도입과 국가간 지급규모 확대로 지급결제시스템 간 상호운영성 제고 등을 위한 국제금융전문표준(ISO20022) 도입 등 지급결제인프라 개선이 필요하다.

---

52 금융기관이 BOK-Wire를 통해 총액결제를 신청하였으나 일시적인 결제자금 부족으로 결제가 지연될 경우 과거에는 결제자금이 입금될 때 까지 대기하였으나, 2009년 재구축된 BOK-Wire는 대기시간 축소 및 결제 원활화를 위해 한국은행이 금융기관들이 요청한 총액결제 내역중 상계가 가능한 결제내역에 대해 상계후 차액만을 결제하고 있다.

53 우리나라는 2001년 세계 최초로 고객 간 자금이체를 24시간 연중무휴 실시간 처리하는 신속자금이체시스템을 구축해 운영하고 있다. 동 시스템은 인터넷·모바일 뱅킹을 통한 고객 자금이체 수요 증가를 안정적으로 뒷받침하며 국민들의 자금이체 편의 및 경제 전반의 효율성 증대에 기여했지만, 한은금융망을 통한 금융기관 간 최종결제를 익영업일에 처리함에 따라 신용리스크에 노출되는 문제점이 있다. 그러므로 고객 간 자금이체에 따른 신용리스크를 원천적으로 차단할 수 있는 RTGS방식의 신속자금이체시스템 구축이 필요하다.

지급결제를 알아야 돈이 보인다

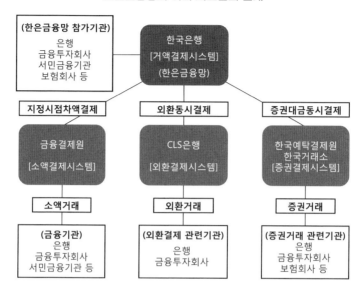

한은금융망과 여타 시스템의 연계

| (한은금융망 참가기관)<br>은행<br>금융투자회사<br>서민금융기관<br>보험회사 등 | 한국은행<br>[거액결제시스템]<br>(한은금융망) | |
|---|---|---|
| 지정시점차액결제 | 외환동시결제 | 증권대금동시결제 |
| 금융결제원<br>[소액결제시스템] | CLS은행<br>[외환결제시스템] | 한국예탁결제원<br>한국거래소<br>[증권결제시스템] |
| 소액거래 | 외환거래 | 증권거래 |
| (금융기관)<br>은행<br>금융투자회사<br>서민금융기관 등 | (외환결제 관련기관)<br>은행<br>금융투자회사 | (증권거래 관련기관)<br>은행<br>금융투자회사<br>보험회사 등 |

자료 : 한국은행

## 3. 한은금융망의 운영 및 관리

### 가. 참가기관

한은금융망에 참가하기 위해서는 한국은행과 당좌예금거래약정을 체결하고 재무건전성 기준, 한은금융망 예상 이용건수, 자금이체업무 담당 전문인력수 등의 요건을 충족하여야 한다.

한은금융망 참가기관은 가동 초기의 115개 기관에서 꾸준히 증가하여 1997년 158개 기관에 달하였으나 외환위기를 계기로 금융산업 구조조정이 진행되면서 그 수가 감소하여 2022년말 현재 한은금융망에 가입한 금융기관은 은행과 비은행(증권사, 보험사 등) 모두 합쳐 130개 기관(은행 54개〈국내은행 20개, 외은지점 34개〉, 비은행 76개〈금융투자회사 44개, 보험회사 16개, 종금사 1개, 기타 15개〉)이며, 한은금융망을 통한 실시간총액결제금액(일평균)과 결제건수(연기준)은 각각 524.3조 원, 23.3천 건에 이른다.

## 나. 운영시간

자금이체신청 전문의 입력가능시간은 기본적으로 09시부터 17시 30분까지이나 한국은행 지역본부 관할 내 참가기관 결제모점의 자금이체를 위한 전문입력 종료시각은 17시까지이다. 또한 일중당좌대출 상환자금을 입금하기 위한 자금이체신청 전문은 17시 50분, 자금조정예금 입출금은 18시까지이다.

다만 동절기(10월 마지막 일요일부터 다음해 3월 마지막 일요일까지)중 CLS은행이 이체의뢰기관 또는 수취기관이 되는 자금이체신청의 입력종료시각과 동 자금이체와 관련된 일중당좌대출의 상환종료시각은 18시 30분이며, CLS결제와 관련된 자금조정예금 입출금은 18시 40분까지이다. 일중RP방식의 일시 결제부족자금 신청 및 상환은 각각 16시 및 17시 15분까지이며, 전자단기사채 상환 신청과 국채발행 대금 입금 전문 입력 종료시각은 각각 14시 20분과 15시 50분이다.

한편 한은금융망의 장애, 한국은행의 통화신용정책 수행에 필요한 경우 참가기관의 전산장애 및 시중자금 경색 등으로 대규모 또는 다수의 자금결제가 지연되어 금융시장에 큰 혼란이 예상되는 경우에는 자금이체신청 전문 입력시간을 일시적으로 연장할 수 있다.

### 다. 지정시점처리제도

한은금융망 참가기관이 일중에 신청하는 거액의 자금이체는 접수 즉시 정해진 절차에 따라 처리된다. 그러나 금융결제원이 다자간 차액결제금액을 산출하여 한국은행에 의뢰하는 어음교환시스템, 지로시스템, 전자금융공동망 등의 차액결제업무와 상환기일이 명시된 콜자금의 상환, 금융기관이 수납한 국고자금 회수 등은 지정된 특정시점에 처리되고 있다. 이는 다수의 참가기관이 서로 연결되는 대량의 거래를 특정시점에서 일괄적으로 처리함으로써 참가기관들이 예측 가능하고 효율적인 자금관리를 할 수 있도록 하는 동시에 결제업무의 편리성을 도모하기 위한 것이다 또한 지정시점처리제도의 운영과 관련하여 지정처리시점이 동일한 경우에는 결제순위를 미리 정함으로써 참가기관의 시간대별 자금관리의무를 강화하고 있다.

## 한은금융망 지정처리시점

| 구 분 | | 처리시점 | 처리계좌 |
|---|---|---|---|
| 차액결제 | ① 어음교환시스템(외화표시 내국 신용<br>장어음 교환 포함)<br>② 지로시스템<br>③ 현금자동인출기(CD)공동망<br>④ 타행환공동망<br>⑤ 직불카드공동망<br>⑥ 자금관리서비스(CMS)공동망<br>⑦ 지방은행공동망<br>⑧ 전자화폐(K-CASH)공동망<br>⑨ 기업·개인간(B2C) 전자상거래 지급결<br>제시스템<br>⑩ 전자금융공동망<br>⑪ 기업간(B2B) 전자상거래 지급결제시<br>스템<br>⑫ 국가간ATM망 | 11:00 | 당좌예금<br>계좌 |
| | 국고금수납자금 회수 | 14:00 | |
| 콜자금 상환 | 오전 반일물 | 14:05 | 결제전용<br>예금계좌 |
| | 오후 반일물 | 16:05 | |
| | 1일물 이상 | 11:05 | |
| 차액결제용 예약자금이체 거래 실행 | | 11:00 | 당좌예금<br>계좌 |
| 외화자금 예치 | | 16:00* | |

\* 일본엔화에 대한 자금예치는 익일 09:30분

자료 : 한국은행

## 지정처리시점에서의 결제 순서

| 처리순위 | 처리대상거래 |
|---|---|
| 1순위 | 참가기관간 차액결제, 차액결제참가기관간 및<br>차액결제참가기관 본지점간 예약자금이체 |
| 2순위 | 1순위의 예약자금이체를 제외한 다른 예약자금이체 |
| 3순위 | 국고금 수납자금 회수 |

자료 : 한국은행

지급결제를 알아야 돈이 보인다

## 라. 이용수수료

한은금융망 이용수수료는 월간 정액수수료(10만 원)에 건당수수료를 더한 금액이 부과되고 있다. 건당수수료는 ① 16시 이전 ② 16시 후~17시 30분 이전 ③ 17시 30분후 3단계로 구분하여 16시 이전에 결제 완료되는 자금이체거래에 대해 가장 낮은 이용수수료를 부과하고 순차적으로 높은 수수료를 부과하고 있다.

## 4. 거액결제리스크의 관리

중앙은행이 거액결제시스템을 운영할 때에도 신용리스크, 유동성리스크, 법률리스크, 운영리스크 및 시스템리스크가 발생할 수 있는데, 이들 결제리스크를 제거하거나 최소화하는 것이 중요하다. 즉 금융위기 등에 따른 충격을 잘 흡수하고 특정 거래 또는 특정 금융기관의 결제불이행이 발생하더라도 지급결제가 정상적으로 이루어지도록 관리할 필요가 있다.

이러한 점을 고려해 한국은행은 우리나라 지급결제시스템의 근간인 한은금융망을 운영하면서 실시간 총액결제방식을 채택하여 결제와 관련한 신용리스크를 원천적으로 제거하고 있다. 또한 법규미비 등으로 결제완결성이 훼손되지 않도록 관련 법률이나 규정 등에 관련 내용을 반영하거나 의견을 개진함으로써 발생 가능한 법률리스크에 대비하고 있다. 특히 2006년 4월부터 「통합도산법」이 발효되어 한은금융망이 파산절차상의 예외대상으로 인정됨으로써 한은금융망의 결제완결성을 법적으로 보장받기 시작하였다.

한편 한국은행은 2009년 4월부터 새로운 한은금융망을 가동하면서 결제리스크를 더욱 줄일 수 있게 되었다. 한은금융망에 도입된 혼합형결제방식의 경우 실시간총액결제방식과 같이 신용리스크를 원천적으로 제거할 수 있을 뿐만 아니라 결제유동성 절감기능을 통해 유동성리스크와 시스템리스크를 줄일 수 있게 되었다. 혼합형결제시스템 가동 이후 한은금융망 기능 고도화를 위해 도입된 서버간 직접 접속방식 및 콜결제 일괄처리의 경우 참가기관들이 대량의 자금이체 거래를 편리하고 정확하게 처리할 수 있어 업무누락이나 오류입력 등의 운영리스크도 축소하게 되었다.

이밖에 한국은행은 한은금융망 운영과 관련한 업무지속계획(BCP)을 수립하고 수시로 모의훈련을 실시하여 만약의 사태에 대비하고 있으며, 지급결제관련 규정 개정시 참가기관의 의견을 수렴하는 절차를 제도화하고 있다. 또한 '금융시장인프라에 관한 원칙'에 따라 정기적으로 한은금융망의 안전성과 효율성을 자체 평가하는 등 결제리스크 관리에 만전을 기하고 있다.

## 5. 일중 일시결제부족자금 지원

한국은행은 한은금융망 참가기관의 결제유동성 부족문제를 최소화하고, 참가기관 간에 영업시간 중 원활한 결제가 이루어질 수 있도록 일중당좌대출제도(2022년 기준 일평균 8,811억 원) 및 일중RP제도(2022

년 기준 일평균 2조 1,436억 원)를 통하여 일중의 일시적인 결제부족자금을 지원하고 있다.

## 가. 일중당좌대출제도

일중당좌대출제도는 영업시간 중 일시적인 결제부족자금을 실시간으로 지원함으로써 금융기관간 자금이체와 이를 매개로 하는 기업간 자금결제가 원활히 이루어지도록 하기 위하여 2000년 9월 도입되었다. 일중당좌대출은 한국은행에 개설된 참가 금융기관의 당좌예금 잔액을 초과한 지급 또는 결제의 요청이 있는 경우 가용담보 범위 내에서 자동으로 실행되는 방식으로 운용된다. 제도 도입 초기에는 당좌예금 평잔의 1배(2001년 7월부터는 2배)를 대출한도로 설정하여 운영하였으나 2006년 9월부터는 동 한도를 폐지하는 대신 금융기관의 일중당좌대출에 대한 과도한 의존을 방지하기 위하여 자유한도(금융기관 자기자본의 25%)를 초과하는 대출금에 대해 이자를 부과하고 있다. 한편 은행이 당일 중 상환마감시각까지 일중당좌대출금을 상환하지 못하는 경우에는 한국은행의 익일물 자금조정대출로 전환하여 지원하고 있다.

| 근거규정 | 「한국은행법」 제64조1), 제81조의 22) |
| --- | --- |
| 지원대상 | 한국은행에 지급준비금을 예치하고 한은금융망에 가입한 금융기관 |
| 지원방식 | 금융기관의 당좌예금계좌에 예치된 금액을 초과한 지급 또는 결제의 요청이 있는 경우 가용담보 범위 내에서 자동 실행되고 당일 중 회수 |
| 지원한도 | 담보인정가액3) 범위내, 일중당좌대출의 과도한 의존으로 결제리스크가 커지는 것을 방지하기 위하여 자유한도(자기자본의 25%)를 초과하는 일중당좌대출에 대해서는 이자를 징수 |
| 적격담보 | 국채, 정부보증채권, 통화안정증권 및 금융기관이 대출로 취득한 어음 등 신용증권(다만 한국은행이 취득한 날로부터 1년 이내에 만기가 도래하는 것에 한함) |
| 대출금리 | 0%, 다만 자유한도를 초과하는 대출에 대해서는 3년물 국고채수익률에서 무담보 익일물 콜금리를 차감한 이자를 징수 |
| 상환조건 | 당일 중 상환마감시각(17:50)까지 대출을 상환하지 못할 경우 한국은행의 자금조정대출로 자동 전환 |

주:1) 「한국은행법」 제64조(금융기관에 대한 여신업무) 한국은행은 금융통화위원회가 정하는 바에 따라 금융기관에 대하여 어음 등 신용증권을 담보로 여신업무를 할 수 있다.
  2) 「한국은행법」 제81조의2(일시 결제부족자금의 지원) 한국은행은 금융통화위원회가 정하는 바에따라 한국은행이 직접 운영하는 지급결제제도의 참가기관에 대하여 일중의 일시적인 결제부족자금을 지원할 수 있다.
  3) ① 정부가 발행하였거나 원리금 상환을 보증한 채권 및 한국은행 통화안정증권 중 시장가격이 형성되어 있는 것은 시장가액의 94%~98%
    ② 정부가 발행하였거나 원리금 상환을 보증한 채권 및 통화안정증권 중 시장가액이 형성되어 있지 않은 것은 액면가액(할인발행의 경우 발행가액)의 80%
    ③ 어음 등 신용증권은 대출원금의 70%

## 나. 일중RP제도

일중RP제도는 한은금융망을 통해 처리되는 금융기관간 자금결제를 조기화하고 마감시간대 결제집중을 완화하기 위하여 환매조건부증권매매(RP)방식을 이용하여 일중의 일시적인 결제부족자금을 지원하는 제도로 2012년 2월부터 시행되었다. 일중RP제도는 금융투자회사 등이 매입계약을 체결한 채권을 한국은행이 RP방식으로 직접 매입하여 일중 유동성을 공급하고 해당 영업일 중 동 자금을 회수하는 방식으로 운용된다. 일중당좌대출이 국내은행 및 외은지점을 지원대상으로 하여 결제자금의 종류 구분없이 포괄적으로 지원하는 제도인 반면, 일중RP제도는 한국거래소 및 금융투자회사 중 금융통화위원회가 선정한 기관에 대해서만 국채, 통화안정증권 등 특정 채권의 매수 거래에 한해 지원하는 제도라는 점에서 차이가 있다. 한편 해당 영업일 중에 일중RP 지원금액을 상환하지 못한 기관은 자금조정대출의 이율에 1%포인트를 더한 금리를 환매이자율로 하여 매매증권을 매입하여야 한다.

## RP방식에 의한 일중유동성 공급 구조[1]

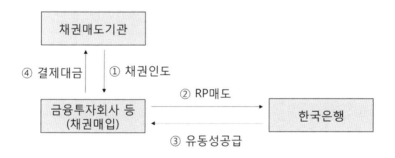

주: 1) 채권인도로부터 RP 및 최종 결제자금 지급(①~④)까지의 일련의 절차를 동시에 실행

자료 : 한국은행

| 근거규정 | 「한국은행법」 제81조의 2 |
|---|---|
| 지원대상 | 한국거래소 및 금융투자회사 중 금융통화위원회가 선정한 기관 |
| 지원방식 | RP매입을 통한 자금지원 및 당일 중 환매거래를 통화 회수 |
| 지원한도 | 금융투자회사의 경우 자기자본의 25%로 제한하고, 한국거래소의 경우 별도의 한도를 정하지 않음[2] |
| 대상증권 | 당일 결제대상인 공개시장조작 대상증권(국채, 정부보증채권, 통화안정증권) 중 한국은행이 해당 영업일에 전영업일의 시장매매가격, 담보증권가액 인정 비율 등에 관한 정보를 한은금융망을 통해 제공하는 증권 |
| 상환조건 | 당일 중 RP지원 금액을 상환하지 못한 기관은 자금조정대출 이율에 1%포인트를 더한 금리를 환매이자율로 하여 매매증권을 매입 |

주 : 1) 연1회 선정하여 1년간(당해년도 8월부터 다음연도 7월까지) 적용한다.
   2) 국채전문유통시장(장내국채시장)의 중앙거래당사자(CCP) 역할을 수행하는 한국거래소는 증권결제 원활화를 위해 모든 적격채권 매수거래에 대해 필요한 자금을 충분히 지원할 필요가 있으므로 지원한도를 두고 있지 않다.

# II. 소액결제시스템

## 1. 개요 및 주요 소액결제시스템

현금이 아닌 지급수단인 비현금지급수단을 이용한 거래에는 다수의 은행이 관련되어 은행 간 자금결제를 필요로 하는 경우가 많다. 예를 들어 갑이 A은행을 통해 B은행에 예금계좌를 보유하고 있는 을에게 송금을 하였다면, B은행은 을에게 자금을 먼저 지급하고 이후 지급한 자금을 A은행에 청구하게 된다. 이때 은행 간 자금결제는 소액의 대량지급을 대상으로 하게 되므로 일정기간동안 은행 간 거래에 따른 대차금액을 모두 상계하여 차액만을 결제하는 차액결제(2022년 기준 일평균 99.3조 원, 3.6천만 건)방식이 주로 이용된다.

차액결제는 참가기관 간 자금거래를 매건 별로 결제하는 총액결제에 비해 결제건수 및 금액을 대폭 축소함으로써 참가기관의 부담과 결제 비용을 경감시키고 결제시스템의 효율성을 증진시키기 때문에 결제건수는 많지만 결제규모가 작은 소액결제시스템에 매우 효율적인 제도이다.

그러나 결제리스크 측면에서 보면 어음교환은 원칙적으로 한국은행 당좌예금계좌를 통한 차액결제가 이루어진 후 수취인에 대한 지급이 허용되므로 은행 간 신용공여(overnight credit)가 발생하지 않으나 CD공동망, 타행환공동망, 전자금융공동망, 지방은행공동망, 국가간ATM공동망 등의 경우 수취인에 대한 지급은 즉시 이루어지지만 은행 간 차액은 다음 영업일에 결제되므로 은행 간 신용공여가 발생한다. 이들 시스템은 모두 다자간 차액결제시스템[54]이므로 참가은행이 차액결제를 불이행할 경우 그 영향이 연쇄적으로 파급되는 시스템리스크에 노출되어 있다. 이에 따라 한국은행은 참가기관 순채무한도의 설정, 사전담보 납입, 담보로 충당되지 않는 손실에 대한 공동분담제도, 차액결제 대행제도를 내용으로 하는 차액결제리스크 관리제

---

54  양자간 차액결제의 경우 차액결제 상대방이 한 개 기관이므로 리스크 관리가 비교적 용이하나 다자간 차액결제의 경우 신용리스크와 유동성리스크가 참가기관 간에 상쇄되어 보다 고도의 리스크 관리기법이 필요하게 된다.

도를 도입[55]하고 있다.

　우리나라의 소액결제시스템(retail payment system)으로는 어음교환시스템, 지로시스템, 금융공동망(CD공동망, 타행환공동망, 직불카드공동망, CMS공동망, 지방은행공동망, 전자금융공동망, 전자화폐공동망, 국가간 ATM공동망)과 전자상거래 지급결제시스템이 있으며, 금융결제원[56]이 운영한다. 한편 신용카드의 경우 별도의 은행 간 결제시스템이 없다. 은행계 카드는 카드회사가 매일의 은행간 결제차액을 계산하면 각 은행이 이를 어음교환에 회부하여 결제하고 있으며, 전문회사 카드의 경우에는 카드회사가 가맹점의 거래은행계좌에 직접 입금하는 방식을 취하고 있다.

---

55　BIS의 '지급결제 및 시장인프라위원회'가 2001년 1월 발표한 '중요지급결제시스템의 핵심원칙'의 〈원칙5〉는 차액결제시스템의 경우 최대 결제채무자의 결제불이행 상황에서도 당일의 차액결제를 적시에 완료하는 것을 최소한의 원칙으로 규정하고 최대 결제채무자 2개 기관이 동시에 결제불이행 상태에 처하더라도 당일의 차액결제를 적시에 완료할 수 있는 안정적인 시스템을 구축하는 것을 모범관행으로 권고하고 있다. 또한 BIS '지급결제 및 시장인프라위원회'가 국제증권감독기구와 공동으로 제정·공표(2012.4월)한 '금융시장인프라에 관한 원칙'은 차액결제시스템의 신용리스크 관리를 결제이행을 위한 담보 등을 활용하여 모든 현재 및 잠재적 미래 익스포저를 커버할 수 있는 수준으로 재무자원을 확보토록 의무화하는 등 신용리스크 및 유동성리스크 관리 기준을 크게 강화하였다.
56　금융결제원은 한국은행을 비롯한 은행들이 사원 및 준사원으로 참여하는 비영리사단법인이다.

### 주요 소액결제시스템

| 구 분 | 결 제 대 상 | 도입연도 | 결제방식 |
|---|---|---|---|
| 어음교환시스템 | 어음·수표 및 제 증서 | 1910 | 장표방식 |
| 지로시스템 | 대량 자금이체 | 1977 | 장표 및 전자방식 |
| CD공동망 | 예금인출, 계좌이체 신용카드 현금서비스 | 1988 | 전자방식 |
| 타행환공동망 | 금융기관 영업점 창구를 통한 송금 | 1989 | 전자방식 |
| 직불카드공동망 | 직불카드 사용대금 이체 | 1996 | 전자방식 |
| CMS공동망 | 대량 자금이체 | 1996 | 전자방식 |
| 지방은행공동망 | 지방은행 영업점 창구를 통한 송금 | 1997 | 전자방식 |
| 전자화폐공동망 | 전자화폐 사용대금 이체 | 2000 | 전자방식 |
| 전자금융공동망 | 인터넷·모바일 뱅킹 송금 | 2001 | 전자방식 |
| 국가간ATM공동망 | 현지통화 인출 | 2010 | 전자방식 |
| B2B 지급결제시스템 | 기업간 전자회상매출채권을 이용한 지급결제 | 2002 | 전자방식 |
| B2C 지급결제시스템 | 기업·개인간 소액 전자상거래 사용대금 이체 | 2002 | 전자방식 |

자료 : 한국은행

## 2. 업무처리절차

우리나라의 소액결제시스템 결제 과정을 살펴보면 먼저 금융결제원은 금융기관 간에 D일 0시~24시 동안 발생한 모든 지급·수취 자금에 대하여 D+1일 금융기관별로 상계하고 그 차액을 한국은행으로 통보하며, 한국은행은 D+1일 각 금융기관의 당좌예금 계정에서 11:00에 최종 결제하는 이연차액결제(DNS: Deferred Net Settlement) 방식을 사용하고 있다. 실제로 개인간 계좌이체에 따른 지급지시 이후 이연차액결제 방식에 의한 소액결제 사례를 살펴보면 다음과 같다.

### 소액결제 사례

| 일자 | 지급 및 결제 과정 | |
|---|---|---|
| D일 | ① 거래체결을 통해 상품,서비스를 판매 및 구입 | 지급 |
| | ② 지급인은 자신의 거래은행(A은행)에게 계좌이체를 통해 지급을 지시 | |
| | ③ A은행은 청산소(금융결제원)를 통해 지급지시 정보를 판매자(수취인)의 거래 은행(B은행)에 송부 | |
| | ④ B은행은 A은행의 지급지시 내역에 따라 판매자(수취인)의 통장계좌에 입금 | |
| D+1일 | ⑤ 청산소(금융결제원)는 A은행과 B은행간 지급·수취 차액 자금을 계산하고, 청산소(금융결제원)는 차액 계산한 내역을 한국은행에 송부하여 차액결제를 의뢰 | 청산 |
| | ⑥ 한국은행은 차액결제 의뢰를 받은 자금을 A은행 당좌예금에서 출금하여 B은행의 당좌예금으로 입금 | 결제 |

* 물품을 구입하고 대금을 거래은행의 계좌이체 방식으로 지급하는 경우

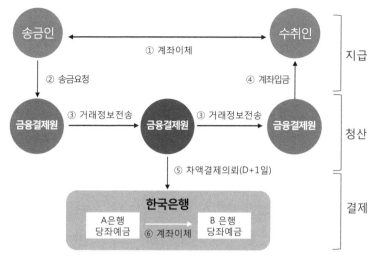

자료 : 한국은행

## 3. 현행 차액결제리스크 관리 제도

이연차액결제방식은 참가기관의 결제시점인 거래 발생일 다음날 11시까지 한국은행에 결제 차액을 납부하지 못할 위험(신용리스크)을 내포하고 있다. 만약에 이러한 신용리스크가 현재화된다면 금융시장은 연쇄적인 파산에 따른 대혼란과 결제시스템에 대한 불신 등으로 경제는 최악의 상황으로 치달을 가능성이 크다. 따라서 한국은행은 일부 참가기관의 결제불이행 사태가 발생하더라도 차액결제가 적시에 종료될 수 있도록 순채무한도제, 결제이행용 담보증권납입, 결제부족자금공동분담제, 차액결제대행 등 차액결제리스크 관리제도를 운영하고 있다.

## 가. 순채무한도제

전자금융공동망 등 일부 차액결제시스템에서는 참가기관 간 지급지시가 전산망을 통하여 실시간으로 송수신되고 차액결제 이전에 고객계좌에 대한 입금이 이루어지므로 참가기관 간에 신용리스크를 내포하는 미결제채무가 발생하게 된다. 이러한 차액결제거래로 인한 결제불이행 사태의 발생 가능성 및 그 규모를 감축하기 위하여 각 참가기관이 해당 거래로 인한 미결제 순채무액의 상한 즉 순채무한도를 설정(2022년말 기준 76.4조 원)하도록 하여 미결제 순채무액의 과도한 증가를 억제하고 있다.

순채무한도의 적용을 받는 차액결제시스템은 한은금융망을 통하여 차액결제되고 있는 거래 중 지급지시가 실시간으로 송수신되고 차액결제보다 고객 앞 대금지급이 먼저 이루어짐으로써 미결제 순채무가 발생하는 타행환공동망, 전자금융공동망, 지방은행공동망, 국가간 ATM망과 어음교환시스템, CD공동망, B2C 전자상거래 중 차액결제 참가기관 간 지급지시가 실시간으로 송수신되는 거래이다. 차액결제 대상거래로서 지급지시가 실시간으로 이루어지지 않는 지로시스템, 직불카드공동망 등은 순채무한도 설정 대상에서 제외된다.

순채무한도를 설정한 이후에는 각 참가기관은 금융공동망을 통하여 한도 소진상황(2022년중 일평균 소진율 15.9%)을 수시로 조회함으로써 일중 미결제 순채무액을 자기 책임하에 관리하게 된다. 일중 미결제순채무액이 자신의 순채무한도를 초과하게 될 경우에는 순채무한도 적용 대상거래의 지급지시를 다른 참가기관에게 송신할 수 없게

지급결제를 알아야 돈이 보인다

된다. 순채무한도 초과로 고객의 자금이체의뢰가 취소될 경우 고객의 불편은 물론 지급결제시스템 전반에 대한 신뢰성 저하로 이어져 경제활동에 악영향을 미칠 수 있으므로 한국은행은 한도초과가 빈번히 발생하는 참가기관에 대하여는 순채무한도를 증액토록 지도[57]하고 있다.

## 나. 결제이행용 담보증권납입

한국은행은 차액결제시스템에 참가하고 있는 은행들로 하여금 차액결제이행용 적격담보증권을 제공하도록 하고, 일부 은행의 결제불이행 사태가 발생하면 해당은행이 제공한 담보증권을 처분하거나 이를 담보로 한국은행이 자금을 지원하여 결제에 필요한 재원을 마련[58]하게 된다.

담보로 사용할 수 있는 증권은 대출정책 및 유동성 문제 등을 고려하여 국채, 정부보증채, 통화안정증권 등으로 제한하고 있다. 현재 참가은행의 담보증권 납입비율은 순채무한도의 80%(2023년 8월기준)에 해당하는 적격증권을 한국은행에 담보로 미리 제공[59]하고 결제불이행 사태가 발생할 경우 해당 기관의 담보를 처분해 결제불이행 금액

---

57 2022년중 차액결제참가기관의 순채무한도 소진율이 주의 수준(70%)을 상회한 경우는 80회이다. 한편 주의 수준을 상회한 경우 한국은행은 이에 대한 주의 촉구 및 추가 담보납입 등을 지도한 이후 관련 규정 등에 따라 대표자 앞 경고 및 한은금융망 이용 제한 등의 조치를 취할 수 있다.

58 현재 한국은행에 사전담보 납입의무가 있는 참가기관은 차액결제시스템에 직접 참가하고 있는 은행이며, 금융투자회사 등은 차액결제대행은행에 사전담보를 납입하고 있다.

59 순채무한도 대비 담보제공 비율을 지속적으로 증가시켜 2021년 2월 기존 50%에서 70%로 상향 조정한 이후 2023년 8월 80%로 상향하였으며, 2025년 8월부터는 순채무한도의 100%에 해당하는 담보를 제공토록 할 계획이다.

에 대체하고 있다.

## 다. 결제부족자금 공동분담제

차액결제시점에 특정은행의 결제불이행이 발생하여 한국은행이 해당은행의 담보증권을 처분하거나 이를 담보로 대출하여 결제부족자금 보전에 사용하였음에도 불구하고 결제자금 부족 현상[60]이 해소되지 않을 경우 다른 은행들이 이를 공동분담함으로써 차액결제를 종결하는 것을 결제부족자금 공동분담제라 한다. 결제부족자금의 참가은행별 분담금은 차액결제시점이 같은 거래의 결제이행을 위하여 제공하여야 할 담보증권금액의 비율에 따라 산정한다.

결제불이행 사태가 실제로 발생하였을 경우 결제부족자금 공동분담의 실행여부는 결제불이행 은행의 담보규모 및 추가 자금조달 가능성 등을 종합적으로 감안하여 결정하게 되는데 일단 공동분담이 결정되면 한국은행은 은행별 공동분담금과 결제시점을 결정하여 참가은행과 금융결제원에 통보하게 된다. 다만 차액결제거래중 어음교환시스템을 통한 거래는 재교환함에 따라 결제부족자금 공동분담 대상에서 제외되어 있다.

한국은행으로부터 은행별 공동분담금 내역과 결제시점을 통보받은 금융결제원은 은행별 공동분담금을 포함하는 차액결제청구서를 재

---

60  현재 차액결제참가기관이 한국은행에 사전담보로 제공한 적격담보증권의 담보가액이 순채무한도의 80%이므로 만약 해당 은행의 차액결제 불이행 금액이 순채무한도의 100%에 도달한 경우에는 일부 결제부족자금이 발생할 수 있다.

작성하여 결제시점 전까지 한국은행에 송부하며, 각 공동분담 은행은 결제시점까지 한국은행 당좌예금계좌에 분담금을 납입한다. 한국은행은 지정된 결제시점에 공동분담금을 납입하지 못하는 은행이 있을 경우에는 해당 은행의 담보증권 처분 등의 절차를 밟게 되며, 그래도 부족할 경우에는 동 부족분을 다른 은행들이 재분담하도록 한다. 한편 여타 은행들의 공동분담으로 차액결제가 종료된 경우 결제불이행 은행은 한국은행 최고여신금리를 적용한 이자를 가산한 원리금을 공동분담은행들에게 상환하여야 한다.

### 라. 차액결제대행

차액결제리스크 관리를 위한 담보증권납입, 결제부족자금 공동분담은 차액결제에 직접 참가하고 있는 기관을 대상으로 운영되고 있는 제도로서 소액결제시스템에 참가하고 있으나 차액결제에는 직접 참가하지 않는 기관에 대해서는 적용되지 않는다. 즉 금융결제원이 운영하는 소액결제시스템에 참가하는 기관중 지급준비금 예치의무가 없고 한국은행의 당좌예금계좌에 충분한 결제자금을 보유하고 있지 않은 기관은 차액결제시점에 유동성리스크 및 신용리스크를 유발할 가능성이 다른 참가기관에 비해 상대적으로 높기 때문에 이들 기관에 대해서는 차액결제 및 이와 관련된 의무를 다른 차액결제 참가기관이 대신 수행하도록 하고 있다.

차액결제를 대행할 수 있는 기관은 차액결제시스템의 안전성 확보를 위해 한국은행에 지급준비금의 예치의무가 있는 기관으로서 BIS

자기자본비율 및 유동성비율이 감독기관이 정한 경영지도비율을 충족하는 은행으로 한정[61]된다.

차액결제를 대행하는 은행은 기본적으로 차액결제를 위탁한 기관의 차액결제를 대신 이행할 의무를 부담하는데 이에 따라 자신의 순차액포지션 뿐만 아니라 차액결제위탁기관의 순차액포지션을 합산한 교환차액을 결제할 책임이 있다. 또한 차액결제대행은행은 차액결제리스크 관리를 위한 의무도 대신 부담하기 때문에 위탁기관이 설정한 순채무한도 등의 80%에 해당하는 담보증권을 위탁기관을 대신하여 한국은행에 제공하여야 하며, 결제부족자금의 공동분담과 관련해서도 자신의 고유 분담분에 더해 위탁기관의 분담분을 합산한 분담금을 납입하여야 한다. 다만 차액결제 대행은행의 차액결제 및 리스크 관리책임에 상응하여 위탁기관과 대행은행이 협의하여 차액결제 대행한도를 설정토록 하고, 위탁기관이 대행한도에 해당하는 금액 이상의 담보를 대행은행에 제공하도록 함으로써 위탁기관의 결제불이행에 대비토록 하고 있다.

위탁기관도 소액결제시스템에 참가하여 직접 자금이체업무를 취급하기 때문에 순채무한도 설정 및 관리와 관련하여 다른 차액결제 참가기관과 마찬가지의 의무를 부담한다. 또한 대행은행이 한은금융망 이용의 제한, 중지 또는 전산시스템의 장애, 재해, 영업중단 등으로 인해 차액결제업무를 정상적으로 수행할 수 없는 경우에는 한시적으

---

61  하나의 대행은행이 여러 위탁기관의 차액결제를 대행하는 경우 차액결제 및 리스크관리 부담이 가중될 수 있는 바, 개별 대행은행의 차액결제 대행한도 합계가 대행은행의 BIS자기자본의 10% 이내가 되어야 한다.

로 위탁기관이 자신의 한국은행 당좌예금계좌를 통해 차액결제이 직접 참가할 수 있도록 하고 있다.

### 차액결제리스크 관리 제도

| 구 분 | 내 용 |
|---|---|
| 순채무한도제 | 각 참가기관의 미결제채무액의 상한을 설정하여 과도한 증가를 억제 |
| 결제이행용 담보증권납입 | 각 참가기관이 적격증권을 사전에 담보로 제공하고, 참가기관의 결제불이행 사태 발생시 해당 참가기관이 제공한 담보증권을 처분하여 결제를 종료 |
| 결제부족자금 공동분담제 | 참가기관의 결제불이행에 따른 미결제채무를 여타 참가기관들이 공동 분담하여 결제를 종료 |
| 차액결제대행 | 소액결제시스템에 참가하는 기관중 유동성 및 신용 리스크가 상대적으로 큰 기관에 대해 해당 기관의 차액결제 등의 의무를 다른 차액결제 참가기관이 대신 수행 |

자료 : 한국은행

## III. 증권결제시스템

### 1. 증권결제 프로세스

증권(채권 및 주식)의 장내·장외 시장에서의 매매도 거래, 청산, 결제의 프로세스는 여타 시스템과 동일하다. 그러나 거액 및 소액결제시스템의 경우 자금결제만 이루어지면 종결되는 점과 달리 증권결제시스템(SSS: Securities Settlement System)의 경우 대금결제와 더불어 중앙예탁기관인 예탁결제원에서 증권의 이전도 같이 완료되어야 한다.

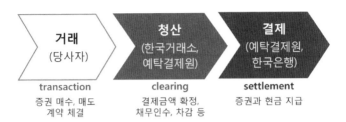

증권결제 프로세스

거래
(당사자)

transaction
증권 매수, 매도
계약 체결

청산
(한국거래소,
예탁결제원)

clearing
결제금액 확정,
채무인수, 차감 등

결제
(예탁결제원,
한국은행)

settlement
증권과 현금 지급

자료 : 한국은행

증권거래는 표준화된 거래규칙이 정해진 특정 거래소에서 거래가 이루어지는지 여부에 따라 장내시장과 장외시장으로 구분된다. 증권결제 과정에서 장내시장은 한국거래소가, 장외시장은 예탁결제원이 청산기관[62] 역할을 수행한다. 한국거래소는 장내시장에서 거래단위 등이 정형화되어 있어 최종 결제 확정시 여러 증권사들간의 유가증권 거래내역을 차감, 즉 다자간차감을 통해 차액을, 예탁결제원은 장외시장에서 일부 유가증권 거래시 청산기관 역할을 수행하며, 다자간차감 방식이 아닌 총액방식을 통해 결제액 등을 산출한다. 청산기관은 체결된 매매계약의 매도자에 대해서는 매수자 역할을, 매수자에 대해서는 매도자의 역할을 수행하는데 이런 경우 청산기관을 중앙거래당사자[63](CCP)라고 한다.

장내시장에서 주식 결제 사례를 살펴보면 D일 계약 체결 이후 D+2일

62  청산기관은 매매확인과 거래당사자 간 증권과 대금에 대한 채권과 채무의 내용을 산정하는 청산업무를 담당하는 기관이다.
63  자세한 내용은 p.104, '중앙거래당사자'를 참조하기 바란다.

에 한국은행(대금)과 예탁결제원(증권)이 동시에 결제(DVP)하게 된다.

### 장내시장 주식 결제 사례

| 일자 | 지급 및 결제 과정 | |
|---|---|---|
| D일<br>D일 | ① A증권사 및 B증권사 거래 고객의 매수·매도 주문을 받은 한국거래소가 매매계약을 체결 | 거래 |
| | ② 한국거래소는 A증권사와 B증권사 간 매매계약 체결후 그 계약체결 수량 및 금액을 확정하고 이를 한국은행, 예탁결제원 등에 통보 | 청산 |
| D+2일<br>D+2일 | ③ 한국은행은 A증권사의 당좌계좌에서 주식 매수대금을 인출하여 한국거래소 당좌계좌로 이체<br>예탁결제원은 매도의뢰를 한 B증권사의 증권계좌에서 해당 주식을 한국거래소 증권계좌로 이체[64] | 결제<br>결제 |
| | ④ 한국은행은 한국거래소 당좌계좌에서 주식 매수대금을 인출하여 B증권사 당좌계좌로 이체<br>예탁결제원은 한국거래소 증권계좌에서 계약 체결된 주식을 A증권사 증권계좌로 이체 | |

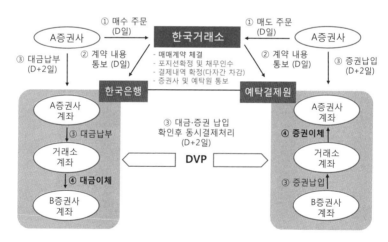

자료 : 한국은행

---

64  예탁결제원을 증권을 집중보관하는 기관으로 금융투자회사 등이 계좌를 개설하고 소유하고 있는 유가증권을 예탁한 후 매매 등에 따른 결제를 실물의 이동없이 계좌대체(book-entry)방식으로 하고 있다

## 2. 중앙거래당사자

증권결제시스템에서는 청산기관이 결제이행을 보증케 함으로써 참가자의 신용리스크를 제거하고, 결제불이행에 따른 시스템리스크를 사전에 차단하는 중앙거래당사자(CCP: Central Counterparty) 역할을 수행한다. CCP[65]는 매수자와 매도자만의 거래에서 어느 일방의 계약파기에 따른 결제불이행을 예방하기 위해 청산기관이 매도자에 대해 매수자 역할을, 매수자에 대해서는 매도자 역할을 수행하게 하여 증권계약이 이루어진 거래의 결제가 완결되게 하고 있다.

### 증권거래시 중앙거래당사자의 역할

자료 : 한국거래소

한국거래소는 중앙거래당사자로서 거래당사자간 다자간 차감

---

65 글로벌 금융위기 이후 모든 표준화된 장외파생상품거래의 중앙거래당사자를 통한 청산이 의무화됨에 따라 결제리스크가 집중되는 CCP에 대한 리스크관리의 중요성이 더욱 커지고 있는 바, 우리나라의 장내 증권 및 파생상품 거래는 한국거래소가 CCP역할을 담당하고 있으며, 장외거래의 경우 금융위원회로부터 금융투자상품거래 청산업 인가를 받은 한국거래소와 예탁결제원이 각각 장외파생상품거래(원화 이자율스왑거래)와 주식기관투자자거래(상장주식의 위탁매매거래)에 대해 각각 CCP역할을 하고 있다.

지급결제를 알아야 돈이 보인다

(multilateral netting)을 통해 결제유동성을 절약하는 한편 결제이행보증 서비스를 제공하여 참가기관의 리스크관리 부담을 경감시키는 역할을 한다. 글로벌 금융위기 이후 모든 표준화된 장외파생상품거래의 한국거래소를 통한 청산이 의무화됨에 따라 결제리스크가 집중되는 한국거래소에 대한 리스크 관리의 중요성이 더욱 커지고 있다. 한편 이러한 역할 수행 과정(장내시장)에서 주식, 국채 및 파생상품의 다자간차감으로 거래 대금의 90% 가까이 차감하는 것으로 나타나 결제유동성 절약의 효과가 큰 것으로 나타났다.

### CCP를 통한 결제금액의 차감효과

(2021년 일평균, 조 원)

| 구 분 | 거래대금 | 결제대금 | 차감율 |
|---|---|---|---|
| 주식시장 | 30.6 | 0.9 | 96.9% |
| 국채시장 | 6.7 | 2.0 | 70.3% |
| 파생상품시장 | 67.3 | 0.1 | 99.8% |

자료 : 한국거래소

한편 예탁결제원의 경우 장외시장에서 거래되는 상품의 결제에 대해 중앙거래당사자로서 결제 이행을 보증하고 있어 일정 기준을 충족하는 금융기관만을 회원으로 참여시키고 있다. 아울러 한국거래소와 마찬가지로 매매거래의 위약으로 발생하는 손해를 방지하기 위해 손해배상 공동기금을 적립하고 결제이행재원의 확보를 위해 자산중 일부를 결제적립금으로 확보하고 있다.

## 3. 결제이행재원 종류 및 현황

한국거래소는 회원의 채무불이행시 직면하게 될 신용 및 유동성 리스크를 관리할 수 있도록 적정 수준의 참가요건 설정과 함께 충분한 재무자원을 확보하고, 이를 이용하는 명확한 대응절차를 구비해야 한다. 이를 위해 한국거래소는 일정 기준 이상의 재무요건을 충족하는 금융기관만을 회원으로 허용하고 있으며, 매수자의 결제불이행 발생시 이를 조기에 수습해 차질없이 결제가 이행될 수 있도록 하기 위해 한국거래소가 부담하는 결제적립금, 회원이 부담하는 재원으로 증거금(장내: 거래증거금, 장외: 청산증거금), 공동기금(장내: 손해배상공동기금, 장외: 장외파생공동기금) 등 결제이행재원(Settlement Resource)을 갖추고 비상상황에 대비토록 하고 있다.

### 가. 결제적립금

결제적립금은 거래소가 회원의 결제 불이행에 대비해 적립해 놓은 임의적립금으로서 결제 불이행이 발생하는 경우 해당 회원의 재원을 먼저 사용한 다음에 부족분은 결제적립금을 활용한다.

**결제적립금 현황**

| 증권시장 | 파생상품시장 | 장외파생상품 | 합계 |
|---|---|---|---|
| 800억 원 | 3,200억 원 | 500억 원 | 4,500억 원 |

자료 : 한국거래소

지급결제를 알아야 돈이 보인다

## 나. 회원 증거금(장내: 거래증거금, 장외: 청산증거금)

회원이 예탁한 장내·외 증거금은(2021년말 현재 15.2조 원)은 자신의 채무 이행을 보증하는 예탁금으로 결제 불이행 발생 시 해당 회원의 증거금을 활용하게 된다. 이 경우 다른 정상 회원의 증거금은 사용하지 않는다.

## 다. 회원 공동기금(장내: 손해배상공동기금, 장외: 장외파생공동기금)

회원의 공동기금은 결제 불이행 시 손해를 배상하기 위해 회원이 거래소에 적립하는 재원으로 현금, 상장 국고채권 및 통화안정증권으로 납부할 수 있다. 장내 결제회원의 손해배상공동기금은 매월 스트레스테스트 실시[66] 결과 산출된 공동기금적립필요액을 통보일 다음 영업일 17시 이내, 장외파생공동기금은 통보일 당일 적립되고 있다. 스트레스테스트 측정 방식을 통해 산출된 공동기금 규모는 2020년말 현재 2.3조 원이다.

## 라. 회원 보증금

장내 결제회원이 처음 가입할 때 채무의 이행을 보증하기 위해 예치하는 재원으로 회원별 1백만 원이며, 장외파생상품은 회원보증금이 없다.

---

66 한국거래소는 공동기금 총적립액의 적정성을 항시 점검하기 위해 매일 스트레스테스트를 실시하고 있으며, 이를 통해 산출된 추산액이 각 시장별 임계치를 초과할 경우 수시로 조정하고 있다.

## 마. 추가 공동기금(장내: 추가공동기금, 장외: 추가손실부담금)

기 적립된 결제적립금, 공동기금, 회원보증금 모든 결제 이행 재원을 투입해도 결제 불이행 손실을 처리할 수 없는 상황이 발생할 때 회원이 일시에 부담하는 추가적인 공동기금이다. 추가 공동기금은 각 회원이 기존에 적립한 공동기금의 100% 한도 내에서 한국거래소의 요청에 따라 부담하도록 되어 있으며, 이는 해당 결제 불이행 처리건에 대하여 회원이 종국적으로 부담하는 한도로 그 외 잔여손실은 거래소가 부담한다.

## 바. 신용한도(Credit Line)

결제이행재원과는 달리 정상적인 시장상황에서 결제 원활화를 위한 일시적인 유동성 공급에 사용되는 별도의 재원으로 결제이행재원의 유동화 및 현금화가 곤란한 상황을 대비해 거래소가 설정해 놓은 유동성 공급재원이다. 한국거래소는 3개 시중은행 및 증권금융에 신용한도와 특별담보대출로 3.6조 원의 신용한도를 확보하고 있다.

# IV. 외환결제시스템

　외환결제란 거래당사자들이 매입·매도 통화를 서로 수취·지급하여 외환매매거래에서 발생한 채권·채무관계를 종결시키는 행위를 말한다. 외환매매거래 등에 따른 외화자금의 이체는 각 지역에 소재한 주요 은행간 환거래네트워크(correspondent banking network)를 주로 이용하게 된다. 환거래네트워크는 외국환은행들이 세계 주요국의 은행들과 환거래계약에 따라 당좌예치금계좌(nostro account)를 개설하고 상호간 지급지시 등에 관한 전문 교환을 위해 국제통신기관인 SWIFT[67] 등에 가입함으로써 형성된다.

　금융기관 간 외환거래에 있어 전통적으로 사용되었던 외환결제방식은 이러한 환거래은행을 통한 결제방식으로 개별 외환거래를 각 통화국 내에 소재한 환거래은행을 통해 건별로 처리하는 방식이다. 그러나 환거래은행을 통한 외환결제방식 이용시 발생하는 외환결제리스크에 대한 우려가 꾸준히 제기되어 왔으며, 이를 해결하기 위하여 외환동시결제방식이 도입되었다. 대표적인 외환동시결제방식으로 CLS은행의 외환동시결제시스템을 들 수 있으며, 일부 국가에서는 자국 통화 RTGS시스템과 외국통화 RTGS시스템을 연계하는 방식으로 외환동시결제를 구현하고 있다. 우리나라의 경우 2004년 12월 원화

---

67　국제금융통신망(SWIFT: Society for Worldwide Interbank Financial Telecommunications)으로, 원래는 유럽 지역 은행들이 상호거래 메시지를 교환하기 위해 1973년 설립했으나, 이후 표준화된 메시지 형식을 기반으로 한 안정적인 서비스를 인정받으면서 글로벌 금융통신 네트워크의 표준으로 정착됐다. 본부는 벨기에 브뤼셀에 있다.

가 CLS시스템의 결제통화로 지정되어 원화와 미달러화 등 외환거래에 대해 외환동시결제가 가능해졌다.

## 1. 환거래은행을 통한 결제 방식

현재의 CLS(Continuous Linked Settlement)를 통한 외환거래 이전에는 외환매매 계약 체결 후 통화별로 지정된 환거래은행을 이용하여 상대방 환거래은행에 자금을 이체하는 방식으로 운영되었다. 환거래은행을 통한 결제방식은 원화와 달러 매도·매수 계약 체결 후 각 은행은 한은금융망을 통해 원화를 이체한 후 외화는 각 은행이 거래하는 환거래은행을 통해 이체를 완료하는 방식이다. 동 결제 방식은 원화의 지급이 먼저 이루어지고, 이후에 달러화의 지급이 이루어져 각각 다른 시점에서 개별적으로 결제와 계좌입금이 이루어진다는 점이 특징이다.

**환거래은행을 통한 결제 방식**

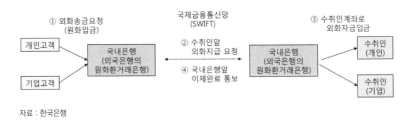

자료 : 한국은행

예를 들어 국내 은행이 미국 뉴욕에 있는 외국은행과 원화를 팔고

지급결제를 알아야 돈이 보인다

미 달러화를 사는 매매계약을 체결했다고 가정하자. 우리나라 은행이 결제일에 원화를 송금하고 이를 오후 5시에 통지했다면 뉴욕은 새벽 3시가 된다. 따라서 뉴욕의 은행은 그곳의 영업개시시간인 오전 9시(한국시간 오후 11시)가 돼서야 이를 확인할 수 있다. 이 외국은행이 오후 3시(한국시간 새벽 5시)에 자금이체를 마친 후 곧바로 이를 국내 은행에 통지한다 해도 국내 은행은 영업시간인 오전 9시 이후에야 이를 확인할 수 있다. 따라서 한국시간 기준 전날 오후 5시에 원화를 미리 보낸 국내 은행은 외국은행의 달러화 이체 여부를 곧바로 확인할 수가 없으며, 만약 이 시간 동안 외국은행이 파산한다면 원화를 송금한 국내은행은 매입한 달러화를 수취하지 못하는 경우가 발생할 수 있다.

### 원화와 미 달러화 매매계약 흐름도

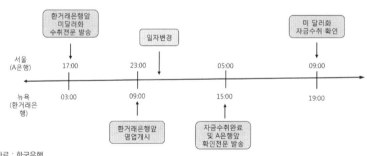

자료 : 한국은행

　이러한 환거래방식은 국가 간 시차로 인해 매도통화 지급과 매입통화 수취 시점이 상이해 매도통화 지급 후 계약체결 기관의 파산 등으로 인해 매입통화를 수취하지 못하는 원금리스크 발생 가능성이 존재한다는 문제점을 보여주고 있으며, 실제로 헤류슈타트 은행의 파산으로 동 문제점이 현실화되기도 하였다.

### 헤르슈타트 리스크

환거래은행을 통한 결제방식에 따른 외환거래로 인해 국제금융시장에 큰 혼란에 빠진 사례로 헤르슈타트(Herstatt) 리스크를 들 수 있다. 1974년 6월 26일 오후 3시 30분(프랑크푸르트 시간) 독일의 헤르슈타트 은행은 막대한 영업손실 등으로 인해 대법원으로부터 청산명령을 받게 된다. 그런데 헤르슈타트 은행과 마르크화 지급, 달러화 수취 계약을 한 뉴욕 소재 미국 은행들은 큰 문제점에 봉착하게 되었다. 미국 은행들은 독일 내 환거래은행을 통해 헤르슈타트 은행 앞으로 마르크화 지급을 완료하였으나, 시차로 인해 미달러화(약 2억달러 추정)는 아직 수취하지 못한 상황하에서 헤르슈타트 은행에 대한 대법원의 청산명령으로 큰 손실이 발생하였다.

## 2. 외환동시결제시스템을 통한 결제 방식

헤르슈타트 은행 파산으로 인한 외환결제리스크의 현실화 등으로 환거래은행을 통한 결제방식은 외환거래 시 국가 간 시차로 외환결제리스크에 노출되어 이를 축소할 필요성이 크게 대두되었다. 이에 BIS는 외환결제리스크 감축을 권고하였으며, 국제상업은행들 주도로 1999년 미국 뉴욕에 외환결제 전문은행인 CLS(Continuous Linked Settlement) 은행이 설립되었다. CLS 외환동시결제시스템은 CLS은행이 전 세계 주요 통화 간 동시결제 서비스를 제공하기 위해 구축한 시스템으로서, 각 참가국 중앙은행 거액결제시스템을 실시간으로 연결하여 정해진 공통 결제시간대에 매도통화의 납입과 매수통화의 지급 등 결제를 동시에 처리함으로써 동시결제(PVP: Payment Versus Payment)가 가능하게 했다.

CLS은행을 통한 동시 결제방식을 이용할 경우 거래상대방의 결제 실패에 따른 원금손실리스크를 제거할 수 있고, 또한 다자간 차액결제액을 산출한 후 매도통화와 매입통화를 동시에 주고 받을 수 있어 결제유동성을 크게 절감(거래액 대비 약 95% 수준)할 수 있다.

### CLS은행을 통한 외환동시결제 절차 사례

| | |
|---|---|
| ① | A은행은 원화매수, 달러매도 계약을 B은행과 체결 |
| ② | A은행과 B은행은 각각 계약체결 내용을 CLS은행에 통보 |
| ③ | CLS은행은 A은행과 B은행 앞으로 결제 필요 내역을 통보 |
| ④ | A은행은 자신의 외환업무를 담당하는 Nostro Bank에 대하여 달러화 지급을 지시 |
| ⑤ | A은행의 외환업무를 담당하는 Nostro 은행은 미 연준에 개설된 CLS은행 계좌로 달러화를 입금하고, B은행은 한국은행에 개설된 CLS계좌로 동 금액에 해당하는 원화를 입금 |
| ⑥ | CLS은행은 한국은행과 미 연준에 개설된 자신의 계좌에 A은행과 B은행의 자금이 입금된 것을 확인한 후 동시에 이를 상대 은행 계좌로 입금 |

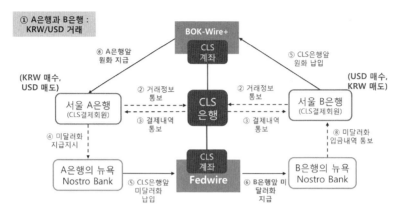

① A은행과 B은행 : KRW/USD 거래

BOK-Wire+
CLS 계좌

⑥ A은행앞 원화 지급

⑤ CLS은행앞 원화 납입

(KRW 매수, USD 매도)

(USD 매수, KRW 매도)

서울 A은행 (CLS결제회원)

② 거래정보 통보

CLS 은행

② 거래정보 통보

서울 B은행 (CLS결제회원)

③ 결제내역 통보

③ 결제내역 통보

④ 미달러화 지급지시

⑧ 미달러화 입금내역 통보

A은행의 뉴욕 Nostro Bank

CLS 계좌 Fedwire

B은행의 뉴욕 Nostro Bank

⑤ CLS은행앞 미달러화 납입

⑥ B은행앞 미 달러화 지급

❖ CLS은행은 ⑤ 원화 입금과 ⑤ 달러화 입금을 확인한 후, ⑥ 원화 지급과 ⑥ 미달러화 지급을 동시에 수행

자료 : 한국은행

여기서 다시 주의깊게 살펴봐야 할 사안이 있다. 원화와 달러화 동시 결제를 위해서는 국가간 시차에도 불구하고 한국은행과 미 연준의 CLS은행 계좌에서 같은 시각에 자금 이체가 일어나야 한다. 이를 위해서 국가간 시차를 고려해 CLS은행은 대륙별로 동시결제시간대를 정해 동 시간대에서만 외환거래를 수행하고 있다. 우리나라는 하절기 14:00~17:00, 동절기 15:00~18:00에 매입통화와 매도통화를 동

## CLS시스템 동시결제시간대

아시아·태평양

유럽

북미

자료 : 한국은행

지급결제를 알아야 돈이 보인다

시에 주고 받는 방식으로 외화거래를 수행하며, 중부유럽은 07:00∼12:00, 북미는 01:00∼06:00 시간대에 외화가 결제된다.

한편 모든 통화가 CLS은행을 통해 동시결제할 수 있는 것은 아니다. CLS은행이 정한 결제완결성 보장[68] 등 엄격한 기준을 충족하는 통화에 한해서만 CLS은행의 결제통화로 지정될 수 있다. 현재는 17개 주요 통화만 결제 대상이며, 우리나라 원화는 2004년 CLS 결제통화로 공식 지정되었다.

## 3. 외환결제리스크 관리

외환결제과정에서 발생하는 리스크는 환율, 시차, 국가간 상이한 지급결제시스템 등에 따라 다양하다. 이에 BIS 바젤은행감독위원회(BCBS)는 '외환결제 관련 리스크 감독지침'에서 외환결제와 관련한 리스크를 원금리스크, 대체비용리스크, 유동성리스크, 운영리스크, 법률리스크 등 5가지로 분류하고 있다.

원금리스크는 매도통화를 이미 지급하였거나 매도통화의 지급을 취소할 수 없는 상황에서 거래상대방의 파산으로 매입통화를 전액 수취하지 못하는 리스크로 외환동시결제를 통해 근본적으로 제거할

---

68  결제완결성이란 지급결제시스템을 통해 이루어진 참가기관의 지급, 청산, 결제가 어떠한 상황이나 법률에 의해서도 취소되거나 무효화되지 않고 해당 지급결제시스템의 운영규칙에 따라 무조건적으로 이루어지는 것을 의미한다. 결제완결성이 보장되지 않을 경우 지급결제시스템을 통해 완료된 금융기관의 지급, 청산, 결제행위가 사후적으로 무효화될 수 있어 금융시스템에 큰 혼란을 초래할 수 있는 바, 지급결제 및 시장인프라위원회(CPMI) 및 국제증권감독기구(IOSCO)가 제정한 금융시장인프라에 관한 원칙(PFMI)에서도 결제완결성 원칙이 규정되어 각국 정책당국이 준수토록 하고 있다.

수 있다. 그러나 거래상대방이 CLS 참가기관이 아니거나 거래 통화가 CLS 또는 RTGS연계 등에 의해 동시결제되는 대상이 아닌 경우의 외환거래 등은 환거래은행을 통한 결제가 불가피해 원금리스크를 제거할 수 없다. 따라서 외환거래를 건별로 각각 결제하는 총액결제방식 대신에 외환거래가 많은 은행과 통화별로 결제일이 동일한 외환거래에 대하여 지급·수취액을 서로 상계하고 차액만 결제하는 차액결제방식을 도입함으로써 원금리스크 노출규모를 줄이고 필요 유동성을 절감할 수 있다.

대체비용리스크는 매도통화의 지급이 일어나기 전이라고 하더라도 거래상대방이 결제를 불이행할 경우 동 은행이 다른 거래상대방과 함께 덜 유리한 조건으로 새로운 거래를 체결하여야 하는 리스크를 의미한다. 동 리스크는 외환거래에 대한 미래시장 가격변화를 커버하기 위해 미리 담보를 받아둘 경우 축소할 수 있다.

유동성리스크는 거래상대방이 지급불능이 아닌 상태에서도 일정 기간동안 채무를 결제하지 못할 가능성을 말한다. 운영리스크는 외부 사건이나 부적절한 내부 프로세스, 인력 및 시스템 등으로 인한 은행의 손실을 의미하는데 외환거래에서는 결제관련 IT시스템 장애, 자연재해, 사이버공격 등으로 인하여 결제가 적시에 이루어지지 못하여 손실이 발생할 리스크를 의미한다. 법률리스크는 예상치 않게 손실을 초래할 수 있는 법률 또는 규정이 적용되었을 때 발생하는데 외환거래에서는 계약이 거래당사자 일방이 소재한 국가의 관련법에 저촉되거나 거래의 법적 유효성에 영향을 미칠 수 있는 요소를 내포할 경우 법적 분쟁으로 인하여 손실이 발생할 수 있는 리스크이다.

잔존하는 외환결제리스크의 관리를 위해서는 적절한 결제방식을 선택하는 것 뿐만 아니라 외환결제리스크 측정시스템을 구축함으로써 시간대별 또는 일별 외환결제리스크 노출규모를 정확히 측정하고 이에 상응하는 충분한 규모의 자본을 유지할 필요가 있으며, 전행적인 차원에서 종합적으로 관리될 수 있도록 하는 것이 무엇보다 중요하다.

# 6절
# 지급결제제도와 금융안정

## Ⅰ. 금융안정의 개념

금융안정(Financial Stability)이란 금융기관들이 건전성 등이 양호해 효율적인 자금중개기능 수행이 가능하고, 시장에서는 금리, 물가, 환율 및 주가 등이 급등락 없이 시장참가자들의 신뢰를 바탕으로 안정적인 수준을 유지하고 있을 뿐만 아니라 경제주체의 경제활동 결과로 나타나는 각종 거래가 안정적으로 종결될 수 있는 지급결제제도와 같은 금융시장인프라(FMI: Financial Market Infrastructures)가 잘 구비되어 금융시스템이 원활하고 효율적으로 작동하는 상태를 말한다.

금융안정은 지속 가능한 경제 발전을 위해 물가의 안정이나 경제성장과 함께 반드시 필요한 정책목표이다. 금융안정에 대해 본격적으로 관심을 가지게 된 것은 1980년대 이후 부터다. 금융자유화, 국제화 등 세계적 금융혁신의 확대, 금리, 주가 등의 변동성이 증대되고 금융기관들의 경쟁이 커지면서 특정 금융기관이나 금융시장의 불안이 전체 금융시스템의 불안으로 확산될 수 있는 위험성이 더욱 높아

지급결제를 알아야 돈이 보인다

지면서 금융안정의 중요성이 더욱 부각되었다. 과거 1990년대 북유럽 3국의 금융불안, 1994년 멕시코, 1997년 아시아 금융위기, 1998년 러시아모라토리엄 선언 등으로 금융시스템 불안 사례가 연이어 발생하게 되고, 이러한 불안이 다른 국가로 확산되는 국제적 전염효과가 나타나게 되면서 금융안정은 정책당국의 주요 관심사가 되었다. 특히 2007년 미국의 서브프라임 모기지 사태, 2008년 리먼브라더스 파산으로 촉발된 금융위기는 세계적인 금융불안과 실물경제 침체까지 유발하는 등 금융안정의 중요성과 정책수단의 개발 필요성을 재인식하는 계기가 되었다.

이러한 가운데 BIS 등 국제기구를 중심으로 금융안정에 대한 정의 및 달성 방안 등에 대한 활발한 연구가 진행되어 왔다. 금융안정은 개별 금융기관 건전성 및 수익성과 관련된 '금융기관의 안정', 금리, 물가, 환율 등 거시변수들의 안정적인 움직임과 관련된 '금융시장의 안정', 금융시장인프라 등과 관련된 '지급결제제도의 안정'으로 크게 나눌 수 있다.

### 금융안정 달성 방법

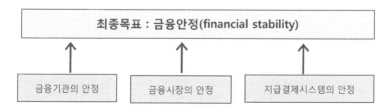

자료 : 한국은행

'금융기관의 안정'은 금융기관의 건전성 및 수익성 등이 양호해 본연의 기능인 자금의 공급자와 수요자를 연결이 원활하고 효율적으로 이루어지는 것을 의미한다. 그러나 일부 금융기관의 건전성 및 수익성 등이 악화되어 도산 가능성이 제기될 경우 해당 금융기관은 예금 인출 등으로 자금조달의 어려움이 발생하고, 금융기관 본연의 기능인 자금중개기능이 어려워질 뿐만 아니라 여타 금융기관의 연쇄도산으로 이어질 가능성이 높아지는 등 금융불안정이 발생하게 된다. 1997년 외환위기 시 많은 기업이 도산하고 이에 따라 금융기관도 부실화되면서 금융시스템이 정상적으로 작동하지 못해 정부는 대규모 공적자금 투입으로 금융불안정을 치유하였다. 이처럼 금융기관이 외부충격(external shocks)에도 정부나 중앙은행의 지원없이 스스로 해결할 수 있는 상황일 때 '금융기관의 안정'이 이루어졌다고 할 수 있다. 일반적으로 금융기관의 수익성, 건전성 및 자기자본 현황 등을 통해 금융기관의 안정을 평가한다.

'금융시장의 안정'은 금융시장에서 형성되는 금리, 환율, 주가 등 거시변수들이 경제의 기초여건을 적정하게 반영하고 단기간에 급변동하지 않는 상황을 의미한다. 이처럼 가격변동이 크지 않는 상황에서 경제주체는 보다 용이하게 합리적인 의사결정을 할 수 있게 된다. 그러나 금융시장에서 형성되는 거시변수가 경제 기초여건을 제대로 반영하지 못할 경우 경제주체들의 자금조달이나 운용 결정 등에 큰 어려움이 발생하는 등 제대로 된 경제활동을 할 수 없게 된다. 1999년 이후 IT 등에 대한 투자분위기 고조로 코스닥지수가 1년여만에 약 4

배 가까이 상승하다가 곧 폭락한 것과, 카드채권 부실사태 등으로 투자심리가 하락하면서 채권수익률이 급상승하고 투자신탁회사의 수익증권 환매가 확산되는 등의 사태로 경제가 큰 어려움을 경험한 적이 있다. 이처럼 금융시장의 불안은 금융상품 등의 가격이 급격히 변동하면서 합리적인 의사결정이 어려워지고 정상적인 자금중개기능을 방해하는 등 금융시스템의 붕괴를 초래해 자원배분의 효율성을 떨어뜨리는 등 경제성장을 저해하는 요인이 된다.

'지급결제시스템의 안정'은 경제주체의 경제활동 결과로 나타나는 각종 거래의 종결은 자금 및 증권 이체의 종결로 확정되는 바, 이러한 자금 및 증권의 이체는 지급결제시스템이 정상적이고 효율적인 작동해야만 가능하다. 경제에서 자금이 혈액에 비유된다면 지급결제시스템은 혈액이 흐르는 혈관과 같은 역할을 수행한다고 할 수 있다. 따라서 지급결제시스템이 효율적이고 안정적으로 운영되어야만 경제주체들이 안심하고 경제활동을 영위할 수 있게 된다.

이외에도 금융안정을 위해서는 기업지배구조(corporate governance), 시장규율, 금융규제 및 감독제도 등의 제도가 잘 정비되어 있어 금융기관 및 기업 스스로가 사전에 위기를 예방하고, 중앙은행과 감독당국의 감시·감독 및 시장규율이 원활히 작동할 뿐만 아니라 금융안정망과 지급결제시스템이 효율적으로 구축되어 있어야 한다. 이러한 '금융인프라의 안정'은 금융기관의 안정, 금융시장의 안정, 지급결제시스템의 안정을 달성하기 위한 제도적인 뒷받침과 같은 것이다. 이러한 금융인프라의 안정은 어느 한 기관만이 달성할 수 있는 것이 아니며, 중앙은행, 정부, 감독당국 등의 유기적인 관계를 보여 금융시스템이 원활하게 작동해야만 달성할 수 있는 것인 바, 금융안정은 중앙은행, 정부 감독당국이 협력하여 같이 수행해야만 달성 가능한 일이다.

## II. 지급결제시스템의 안정

지급결제시스템의 안정이란 경제주체들의 경제활동에 수반되는 자금 및 증권의 이전이 원활하게 수행되는 상태를 의미한다. 따라서 경제주체들은 자금 및 증권의 인수가 안정적으로 이루어질 수 있다는 확신이 없다면 재화 및 서비스의 제공 시 현금으로만 거래하거나 경제행위 자체를 회피하게 되어 경제활동에 큰 제약이 발생하게 된다. 또한 지급결제시스템은 거액결제시스템을 통해 금융시장 전반에 유동성을 공급하는 통화정책의 1차적 전달경로로서, 안정적이고 효율적인 거액결제시스템은 은행간 자금수급을 원활하게 조절하게 함으로써 통화정책 수행의 효율성을 높이기 위한 필수요건이다. 뿐만 아니라 지급결제시스템의 안정적 운영은 한 금융기관의 결제 불이행이나 유동성 부족 문제가 전체 금융시장의 불안으로 이어지는 시스템리스크(systemic risk) 발생 가능성을 축소함으로써 금융시장 안정에 필수적인 요소이다.

이처럼 지급결제시스템의 안정을 위해 한국은행과 정부(금융위원회)는 유기적인 협조관계하에서 지급결제정책을 발전시키는 것이 긴

지급결제를 알아야 돈이 보인다

요하다. 이는 중앙은행인 한국은행은 지급결제정책의 수립 및 집행, 거액결제시스템의 운영 및 리스크 관리, 지급결제시스템의 감시 등 다양한 업무를 수행하고 있으며, 정부는 이러한 지급결제정책의 효율적이고 안정적인 발전 및 관리를 위해 제도적인 사항을 보완하고, 금융기관의 지급결제에 대한 감독업무를 담당하고 있기 때문이다.

**지급결제제도와 금융안정**

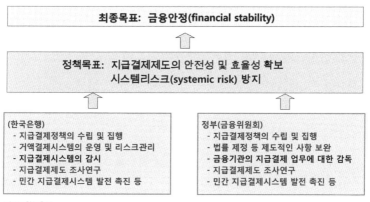

자료 : 한국은행

## Ⅲ. 지급결제제도 감시

1980년대 이후 지급결제시스템의 구축 및 운영에 대한 ICT(Information & Communication Technology) 기술의 본격 활용은 지급거래의 시간적·장소적 한계를 극복하는 획기적 계기로 작용하였다. 이로 인해 청산·결제 금액의 증가, 소수의 주요 결제시스템으로의 집중 심화, 지급결제시스템의 기술적 복잡성 증대 등의 현상이 진행되면서 정책당국은 다양한 결제리스크에 적절히 대응하지 못할 경우 시스템리스크(systemic risk)가 유발될 수 있는 등 지급결제제도의 안전성과 효율성 확보가 금융안정을 위한 선결조건이 되었다. 이에 BIS는 지급결제시스템의 안전성과 효율성 증진을 도모해 금융시스템을 보호하는 지급결제시스템 감시(oversight) 업무가 중앙은행의 주된 기능[69]임을 명확히 하였다. 이러한 세계 각국 중앙은행의 지급결제 관련 기능에 대한 새로운 인식에 더불어 우리나라도 2003년「한국은행법」을 개정하여 지급결제 관련 기존 시스템 및 운영 예정인 시스템의 모니터링, 평가, 개선 권고 등 포괄적인 감시 권한을 한국은행에 부여하였다.

## 1. 지급결제제도 감시의 개념

지급결제제도 감시(oversight)는 '기존 지급결제시스템 및 운영 예정인 시스템을 모니터링하고 동 시스템에 대해 평가하는 한편, 필요 시 개선을 유도함으로써 동 시스템들의 안전성 및 효율성의 증진을 도모하는 중앙은행의 기능'을 의미한다. 즉 공공정책 목표(안전성 및 효율성), 감시범위(지급결제시스템), 감시활동(모니터링, 평가 및 개선 유

---

69 지급결제시스템의 감시란 지급결제제도의 원활한 작동을 촉진하고 특정 지급결제시스템에 참가하는 1개 이상 기관의 신용리스크 또는 유동성리스크 때문에 발생할 수 있는 시스템리스크(systemic risk)로부터 금융시스템을 보호하는 것을 주된 목적으로 수행되는 중앙은행의 책무라고 규정하였다.

도)의 세 가지 요소를 포함하고 있으며, 한편으로 지급결제시스템의 안전성과 효율성 확보를 위해 모니터링 및 정기·수시 평가를 실시하고 필요한 경우 시스템의 개선을 유도하는 지급결제제도에 대한 중앙은행의 책무라는 의미가 함께 들어 있다.

## 2. 중앙은행의 지급결제제도 감시 이유

중앙은행은 여러 가지 관련 기능을 수행하면서 오랫동안 지급결제제도에서 중추적인 역할을 담당하여 왔다. 중앙은행이 발행하는 법정통화는 모든 지급거래의 최종적인 결제자산으로 사용되고 있는 등 지급결제제도의 정점에 위치하고 있으며, 직접 거액결제시스템을 운영[70]해 오고 있어 위기징후의 신속한 포착이 가능하다. 또한 민간 지급결제시스템의 설계 또는 운영에 밀접하게 관여하면서 안전성과 효율성을 높이는 발전 촉진자(facilitator) 역할을 수행하게 된다. 이러한 전문성 등은 중앙은행이 지급결제제도 감시기관으로서의 역할을 수행하는 근거가 되었다. 이에 따라 중앙은행의 지급결제제도에 대한 감시업무는 상당기간 법률적 기반없이(nonstatutory basis)도 암묵적인 공감대를 기초로 수행되어 왔으며, 20세기 후반부터 법제화가 추진되었다.

한편 최종대부자(lender of last resort)로서 결제유동성 공급과 같은

---

70 대부분의 중앙은행은 은행간 자금이체시스템인 거액결제시스템을 운영하는 것이 일반적이며, 미국 등 일부 국가에서는 소액결제시스템도 운영하고 있다.

직접적인 지급결제시스템 참가자로서 지급결제제도를 감시할 유인과 책임도 있다. 상시적으로 금융기관의 결제능력 변화 및 결제상황, 결제시스템 작동상황을 모니터링해 필요시 발권력을 동원한 결제유동성 공급 여부를 결정하여야 하는 바, 이를 위해 지급결제제도 감시 필요성이 있으며, 이외에도 중앙은행이 직접 운영하는 거액결제시스템에는 소액결제시스템, 외환결제시스템, 증권결제시스템과도 연계되어 결제가 이루어짐에 따라 거액결제시스템에 영향을 줄 수 있는 이들 지급결제시스템에 대하여 감시할 유인을 가지고 있다.

## 3. 법적 근거

우리나라 지급결제업무에 대한 감시 업무는 2003년 개정된 「한국은행법」에 따라 2004년부터 한국은행이 수행하고 있다. 이에 따라 한국은행은 지급결제제도 감시업무를 감시대상 지급결제시스템의 선정 및 분류, 지급결제 관련자료의 수집 및 분석, 감시대상 지급결제시스템의 안전성 및 효율성 평가, 감시대상 지급결제시스템의 개선요청, 긴급상황시의 조치 등으로 설정하였다.

이밖에도 「자본시장과 금융투자업에 관한 법률」 제419조(금융투자업자에 대한 검사), 「전자금융거래법」 제41조(한국은행의 자료제출 요구) 및 제47조(전자금융거래 통계조사)에 지급결제제도의 원활한 운영을 위한 한국은행의 자료제출 및 공동검사 요구 권한을 명시해 보다 포괄적인 감시가 가능해졌다.

## 4. 지급결제제도 감시 대상 및 필요성

현재 한국은행은 중요지급결제시스템(10개)과 기타지급결제시스템(20개)에 대해 감시업무를 수행하고 있다. 대부분의 지급결제시스템은 민간부문에서 구축·운영되는 것이 일반적인데 아래의 사유 등으로 인해 사회적으로 최적 수준의 안전성과 효율성을 달성하지 못할 경우에 대비해 중앙은행이 지급결제제도에 대해 감시업무를 수행하고 있다.

첫째, 소액·증권·외환결제시스템 등은 대부분 중앙은행이 운영하는 거액결제시스템과 연계되어 있어 이들 지급결제시스템의 안전성은 중앙은행이 운영하고 있는 거액결제시스템의 안전성에 직접 영향을 미칠 수 있다.

둘째, 중앙은행은 지급결제제도의 중추를 이루는 거액결제시스템을 직접 운영하고 이와 연계된 소액·증권·외환결제시스템의 결제업무를 일상적으로 처리·분석하면서 감시에 필요한 전문성을 축적해 왔으며, 특정 지급결제시스템에서의 위기징후(결제지연 또는 결제불이행 등)를 어느 기관보다 빠르게 포착할 수 있다.

셋째, 지급결제제도는 중앙은행 통화정책의 원활한 수행을 위한 기반이 된다. 즉 통화정책의 효과는 시장에서의 금융거래와 지급결제시스템 및 금융기관이 제공하는 결제기능을 통해 경제 전체에 파급된다.

넷째, 중앙은행은 화폐의 독점적 발권과 무제한 공급능력을 기초로 유동성 부족에 직면한 금융기관 또는 금융시장에 대해 소요자금을 적기에 제공하여 일시적 또는 부분적으로 나타나는 유동성문제가 금융시스템 전체로 파급되지 않도록 하는 최종대부자 기능을 수행한다.

### 감시대상 지급결제시스템

| 구 분 | | 운영기관 |
|---|---|---|
| 중요 지급결제 시스템 (10개) | 한은금융망 | 한국은행 |
| | 어음교환시스템 | 금융결제원 |
| | 전자금융공동망, 타행환공동망 | |
| | 채권기관투자자결제시스템 | 한국예탁결제원 |
| | 기관간 Repo결제시스템 | |
| | 유가증권시장결제시스템 | 한국거래소 한국예탁결제원 |
| | 코스닥시장결제시스템 | |
| | 파생상품시장결제시스템 | 한국거래소 |
| | CLS시스템 | CLS은행 |
| 기타 지급결제 시스템 (20개) | 지로시스템 | 금융결제원 |
| | CD·CMS·B2C 및 B2B 전자상거래· 전자화폐·직불카드·지방은행 공동망 | |
| | BC카드결제시스템 | BC카드사 |
| | 외화자금이체시스템 | KEB하나은행 국민은행, 우리은행 신한은행 |
| | 서민금융기관중앙조직 지급결제시스템 | 농협중앙회, 수협중앙회 상호저축은행중앙회 새마을금고연합회 신협중앙회 |
| | 주식기관투자자결제시스템 | 한국예탁결제원 |
| | 위안화 청산시스템 | 교통은행 서울지점 |

자료 : 한국은행

지급결제를 알아야 돈이 보인다

## 5. 감시업무

한국은행이 수행하는 감시업무로는 지급결제시스템의 중요도 등에 따라 주기를 달리해 모니터링(실시간, 정기, 수시)을 실시하며, 한은금융망 이용현황자료와 금융결제원, 신용카드사, 전자화폐 발행기관 등으로부터 제공받은 통계자료를 기초로 지급결제통계를 편제하고 있다.

한국은행은 지급결제제도의 안전성과 효율성을 도모하기 위하여 자신이 운영하는 지급결제제도에 관하여 필요한 사항을 정하고 그 참가기관에 필요한 자료의 제출을 요구할 수 있도록 하였다. 아울러 한국은행 외의 기관이 운영하는 지급결제제도에 대해서도 필요한 경우 그 운영기관 또는 감독기관에 운영기준의 개선 등을 요청할 수 있도록 하였다. 또한 운영기관에 지급결제 관련 자료를 요구할 수 있도록 하는 한편 자료요구를 받은 기관은 반드시 이에 응하도록 하였다. 이밖에 금융통화위원회의 의결을 요하는 사항에 '지급결제제도의 운영·관리에 대한 기본사항'을 추가하였다.

한국은행은 감시대상 지급결제시스템[71]을 중요지급결제시스템(10개)과 기타지급결제시스템(20개)로 나누어 지정하고, 이중 한은금융망, 금융결제원, 한국예탁결제원 및 한국거래소가 운용하는 중요지급결제시스템에 대해서는 2년에 1번씩 평가업무를 진행해고 미비점에

---

71 감시대상 지급결제시스템의 포괄범위를 국내의 모든 지급결제시스템으로 규정하고 각 시스템별로 그 중요도에 따라 감시방법을 달리한다. 중요지급결제시스템은 해당 시스템이 정상적으로 작동되지 못할 경우 그 충격이 국내외 금융시스템에 널리 파급되거나 금융시스템의 붕괴를 일으킬 가능성이 있는 시스템이며, 기타지급결제시스템은 중요지급결제시스템에 해당되지 않는 지급결제시스템으로 규정하고 있다.

대해서는 운영기관에 개선권고하고 있으며, 필요시 감독기관에 대해서도 개선권고하고 있다.

또한 지급결제업무 취급 금융기관에 대하여 금융감독원과 공동검사 등을 통해 그 운영상황을 점검하고, 시스템 장애 등 긴급상황 발생시 운영시간 일시적 변경, 시스템 운영제한 등의 조치를 통해 지급결제시스템 운영 정상화를 도모하고 있다. 한편 금융시장인프라(FMI: Financial Market Infrastructures)에 대한 동향수집 및 분석(모니터링), 평가 등의 감시업무가 글로벌 기준과 부합하도록 한국은행의 관련 규정을 개정하여 금융시장인프라에 관한 원칙(PFMIs: Principles for Financial Market Infrastructures)를 국내 지급결제제도의 새로운 감시 기준으로 채택(2012.12월)하여 활용하고 있다.

## 6. 금융시장인프라에 관한 원칙

2008년 글로벌 금융위기 과정에서 주요국 지급결제시스템의 원활한 작동은 금융시스템의 붕괴를 방지하는데 기여한 것으로 평가된다. 다만 장외거래 속성상 높은 거래상대방위험(counterparty risk)이 금융충격을 증폭시키는 요인으로 작용함에 따라 장외파생상품시장의 투명성 제고 및 견고한 중앙거래당사자(CCP) 구축 등이 금융시장인프라(FMI) 개혁을 위한 핵심과제로 제기되었다.

이에 G20 정상들이 2009년 9월 피츠버그 회의에서 장외파생상품 CCP 청산의무화 등을 합의한데 이어 금융안정위원회(FSB), 지급결제제도위원회(CPSS), 바젤은행감독위원회(BCBS), 국제증권감독기구(IOSCO) 등의 국제기구들은 장외파생상품시장 개혁을 뒷받침하기 위한 각종 국제기준을 새로이 마련하여 왔다.

### G20 피츠버그 정상회의 합의 내용

○ 모든 표준화된 장외파생상품거래는 2012년말까지 거래소 또는 전자거래플랫폼을 통하여 거래되어야 하며 CCP를 통하여 청산되어야 함

○ 장외파생상품거래는 거래정보저장소에 보고되어야 하며, CCP를 통하여 청산되지 않는 거래에 대해서는 높은 자본적립의무를 부과하여야 함

○ FSB는 이행상황을 정기적으로 평가하고 이행현황이 시장의 투명성 제고, 시스템리스크 감축 및 시장남용(market abuse)을 방지하는데 충분한 수준인지 평가하여야 함

자료: 한국은행

2012년 새로 정비된 국제기준은 장외파생상품시장 인프라를 포함한 모든 FMI의 안정성 기준이 집약된「금융시장인프라에 관한 원칙(PFMIs)」과 장외파생상품시장 인프라의 세부 안정성 제고 사항을 명시한 별도 기준들로 대별된다.

CPSS와 IOSCO에 의해 2012년 4월 제정·공표된 PFMIs는 FMI의 효과적인 리스크 통제를 위한 24개 원칙(principles)과 이의 이행을 위한 중앙은행, 규제 및 감독당국의 5대 책무(responsibilities)로 구성되어 있다.

24개 원칙에서는 신용·유동성리스크, 운영리스크 등에 대한 내용이 강화되었고, 일반사업리스크, 고객자산보호, 간접참가자 리스크관리, FMI 연계 등은 새로 추가되었다. 특히 장외파생상품시장 인프라

개혁의 일환으로 CCP 안정성 기준이 크게 강화되었고, 거래정보저장소(TR)에 관한 원칙도 추가되었다. 5대 책무에서는 관계당국이 FMI의 규제·감독·감시 권한 및 자원을 적절하게 보유할 것을 권고하고 있다. 또한 국내외 FMI에 대해 관계당국간 협력을 통해 24개 원칙을 일관되게 적용할 것을 규정하였다.

글로벌 금융개혁관련 국제기준 제정이 마무리되면서 FSB는 G20 정상회의 합의사항에 대해 국제기구 등에 대해 회원국의 PFMIs 이행 상황을 모니터링하는 방안마련을 요구하였는 바, 국제통화기금(IMF)과 세계은행(World Bank)에서는 회원국들에 대한 「금융부문 평가프로그램(FSAP)」의 FMI 점검기준으로 2013년부터 PFMIs를 적용하고 있다.

**PFMIs의 주요 내용**

| 범 주 | 원 칙 |
|---|---|
| 일반원칙 | 1. 법적 기반   2. 지배구조   3. 종합적 리스크관리 체계 |
| 신용 및 유동성 리스크 관리 | 4. 신용리스크   5. 담보   6. 증거금   7. 유동성리스크 |
| 결제 | 8. 결제 완결성   9. 자금결제   10. 실물인도 |
| 중앙예탁기관 및 가치교환형 결제시스템 | 11. 중앙예탁기관   12. 가치교환형 결제시스템 |
| 채무불이행 관리 | 13. 참가자 채무불이행 규정 및 절차<br>14. 분리보관 및 계정이관 |
| 일반사업 및 운영리스크 관리 | 15. 일반 사업리스크   16. 보관 및 투자리스크<br>17. 운영리스크 |

| 참가 | 18. 접근 및 참가 요건   19. 계층적 참가제도   20. FMI 연계 |
|---|---|
| 효율성 | 21. 효율성 및 실효성   22.통신절차 및 표준 |
| 투명성 | 23. 규정, 주요 절차 및 시장데이터의 공개<br>24. 거래정보저장소에 의한 시장데이터의 공개 |
| 규제·감독·감시<br>당국의 책무 | A. FMI에 대한 규제·감독·감시<br>B. 규제·감독·감시 권한 및 자원<br>C. FMI 관련 정책의 공개<br>D. PFMIs의 적용<br>E. 관계당국간 협조 |

자료 : 한국은행

　한편 한국은행은 PFMIs가 국내에 원활히 도입될 수 있도록 추가 또는 강화된 일부 원칙에 대해 잠정적으로 현행 국내 FMI 및 관계당국 업무수행상황의 기준 충족 여부를 검토(gap analysis)한 결과 국내 FMI는 24개 원칙이 제시하고 있는 리스크 관리기준을 상당 부분 충족하고 있었다. 다만 스트레스테스트 시나리오를 감안한 재무자원 필요금액 산정, FMI의 금융안정지원, 상호의존성을 고려한 운영리스크 관리, 재해발생시 업무복구 목표시간 등에 있어서는 일부 개선이 필요한 것으로 판단된다.

## 7. 지급결제시스템 감시와 금융기관 감독

　감시(oversight)는 사전적인 개념이며, 감독(supervision)은 사후적인 개념이다. 감시란 감시주체가 해당 기관 등이 운영하고 있는 지급결제시스템을 평가한 후 그 안전성과 효율성을 높이기 위해 해당 시스템 운영기관 또는 감독기관 등에 이의 개선을 권고하는 것으로 아직 문제가 발생하지 않았거나 또는 규정 위반 등의 행위가 없지만 감시주체가 요구하는 바를 시정했을 경우 동 시스템의 안전성 및 효율성이 제고되는 것을 말한다. 반면 감독은 법률 및 규정에 의거 해당 서비스 제공 기관에 대해 법규 등의 준수여부를 점검하고, 위반 사항 발견시 시정 및 제재를 통해 이를 바로잡는 것을 의미한다.

**지급결제시스템 감시와 금융기관 감독**

|  | 지급결제시스템 감시 (oversight) | 금융기관 감독 (supervision) |
|---|---|---|
| 정책목표 | 지급결제시스템의 안전성·효율성 확보 | 개별 금융기관의 건전성 (자본, 경영, 자산 등) 유지 |
| 대 상 | 지급결제시스템과 그 운영기관 및 참가기관, 지급수단 | 개별 금융기관 |
| 내 용 | 모니터링, 안전성 및 효율성 평가, 개선권고 | 인허가, 재무상태 검사, 소비자 보호 등 |
| 제재내용 | 지급결제시스템 참가제한 부정적 의견 공표 | 영업 제한, 관련직원 문책 인허가 취소 등 |
| 근거법률 | 한국은행법, 자본시장법 등 | 금융위설치법, 은행법 등 |
| 수행방식 | 모니터링, 평가, 개선권고 등 | 규정 제정, 검사, 제재 등 |

자료 : 한국은행

한편 금융감독기관은 소비자보호, 서비스제공기관 및 청산·결제시스템에 대한 감독업무를 담당하고, 중앙은행은 지급결제시스템 운영, 서비스제공기관 및 청산·결제시스템에 대한 감시업무를 담당하게 되므로 서비스제공기관 및 청산·결제시스템에 대해서 양 기관의 업무대상이 중복될 수 있다.

지급결제를 알아야 돈이 보인다

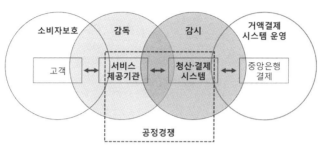

지급결제시스템 감시와 여타 정책당국의 역할

〈금융감독기관의 업무분야〉　　〈중앙은행의 업무분야〉

소비자보호　감독　감시　거액결제 시스템 운영

고객 ↔ 서비스 제공기관 ↔ 청산·결제 시스템 ↔ 중앙은행 결제

공정경쟁

자료 : 한국은행

# Ⅳ. 금융정보화추진협의회 운영

한국은행은 지급결제제도의 개선과 인프라의 확충 등 발전촉진자로서의 역할 수행을 위해 노력하고 있다. 이를 위한 추진기구로서 금융정보화추진협의회를 들 수 있다. 동 협의회는 한국은행, 은행 및 비은행예금기관, 증권사, 카드사, 보험사, 금융유관기관 등 총 32개(2022년말 기준) 기관이 참여하고 있다. 한국은행 부총재가 의장을 맡고 있으며, 한국은행이 사무국의 역할을 수행하고 있다.

우리나라의 5대 국가기간 전산망 가운데 하나인 금융전산망 구축을 위하여 설립된 '금융전산위원회'(1984년)는 '금융정보화추진분과위원회'(1996년)를 거쳐 '금융정보화추진협의회'(2009년)로 개편되어 왔는데, 그동안 금융정보화 공동사업, 금융정보화 관련 업무의 표준화 및 안전대책 등 범 금융권 정보화사업을 주도하고 있다.

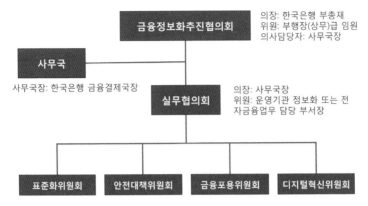

金融情보화추진협의회 조직도

의장: 한국은행 부총재
위원: 부행장(상무)급 임원
의사담당자: 사무국장

금융정보화추진협의회

사무국

사무국장: 한국은행 금융결제국장

실무협의회

의장: 사무국장
위원: 운영기관 정보화 또는 전
자금융업무 담당 부서장

표준화위원회   안전대책위원회   금융포용위원회   디지털혁신위원회

자료 · 한국은행

금융정보화추진협의회를 통한 한국은행의 지급결제제도 개선 노력은 지급결제의 전산화 진행 단계에 따라 변화를 지속해오고 있다. 우리나라의 지급결제 전산화는 1970년대 개별 금융기관의 전산기기 도입으로 시작되었는데, 이후 정부의 국가정보화 추진 계획에 따라 지급결제환경의 전산화를 효율적으로 추진하기 위한 조성기구가 구성되고 한국은행이 동 기구를 주도적으로 운영하게 되었다.

2000년대 이후에는 전자지급서비스가 일반화되면서 중앙집중적 조성기구의 역할이 줄어들고 각 금융기관이 자율적으로 전자금융서비스를 차별화하는 노력을 지속하고 있는 추세이다. 따라서 한국은행의 발전촉진자 역할 유형도 별도의 기구를 주도적으로 운영하는 형태에서 동 기구에 대한 지원 및 의사결정에 참여하는 형태로 변모하고 있다.

국내 전자금융의 발전 과정

| 발전단계 | 태동기 | 도입기 | 성장기 | 발전기 |
|---|---|---|---|---|
| (연도) | 1960 | 1980 | 2000 | 2009 |
| 특징 | 업무전산화 | 네트워크화(공동화) | 서비스 다변화 | 서비스 차별화 |
| 주요사업 | • 전산기도입<br>• 지로업무전산화 | • 공동망 구축<br>• 대고객 전자금융서비스 개시<br>• (인터넷뱅킹, 홈트레이딩 등) | • 다양한 전자지급수단 출현<br>(전자화폐, 전자어음 등)<br>• 고객맞춤서비스 | • 비금융기업의 지급결제서비스<br>참여 확대<br>• 업체별 차별화된 서비스 제공 |
| 추진주체 | • 개별 금융기관 | • 금융전산위원회<br>(한국은행) | • 금융정보화추진분과위원회<br>(한국은행) | • 개별 금융기관<br>• 금융정보화추진협의회<br>(한국은행) |

자료 : 한국은행

## 가. 전자금융 도입기(1980년대~2000년)

1984년 국가정보화 추진계획에 따라 금융전산위원회(의장: 한국은행총재)가 발족되었으며, 동 위원회는 전자금융서비스 환경 구축에 필요한 공동사업들을 발굴하여 추진하였다. 동 위원회의 주도로 CD공동망(1988년), ARS공동망(1988년), 타행환공동망(1989년), 한은금융망(1994년), CMS공동망(1996년) 등 효율적이고 원활한 전자지급결제 처리를 위한 다양한 공동망들이 구축되었다.

대규모의 공동망 조성사업이 마무리되면서 산업 특성에 맞춘 금융정보화 추진을 위해 금융전산위원회가 1996년 금융정보화추진분과위원회(의장: 한국은행 부총재)로 개편되었다. 또한 기 구축된 공동망을 기반으로 인터넷뱅킹(1999년), 증권거래(홈트레이딩, 1997년) 서비스 등이 개시되었다. 한편 이러한 금융공동망 운영의 안전성 강화를 위해 한국은행은 '금융공동망 안전대책 기준'(1997년)을 수립하여 공동망과 이에 접속하는 금융기관의 시스템 도입 및 전산망 연계와 관련된 평가·심의 업무를 수행하였다.

## 나. 전자금융 성장기(2001년~2009년)

전자금융 성장기에는 기 구축된 공동망을 활용하는 다양한 연계 시스템들이 개발되기 시작하였다. 금융정보화추진분과위원회 주도로 금융공동망에 서민금융기관 전산망의 접속이 허용(2002년)되고, CLS 공동망(2004년)이 구축되었다. 한국은행은 금융정보화추진분과위원회를 통하여 전자금융서비스를 위한 공동사업과 표준화 사업을 지속적으로 추진하였다. 표준화 사업을 통해 금융IC카드 표준, 모바일 현금카드 서비스 표준 등 안전하고 효율적인 전자금융서비스를 위한 표준들을 제정하게 되었다. 한편 국가 주도의 정보화사업이 일단락됨에 따라 법적 기반을 가진 금융정보화추진분과위원회는 2009년 자율적 민간협의체인 금융정보화추진협의회로 개편되었다.

## 다. 전자금융 발전기(2010년 이후)

2010년 이후에는 전자금융서비스를 위한 기본적인 인프라구축이 마무리되면서 금융기관들은 공동사업보다는 자사 고객들에게 차별화된 전자금융서비스를 제공하는데 치중하게 되었다. 특히 스마트폰이 도입되고 폐쇄적으로 운영되던 모바일 통신망이 개방되면서 모바일뱅킹, 전자지갑 등 전자금융서비스를 자체 개발해 나가고 있다.

한편 한국은행은 금융정보화추진협의회를 통해 금융기관의 자율성을 최대한 존중하는 가운데 장애인, 노약자 등 전자금융 소외계층의 접근성 제고를 위한 표준개발 및 공동사업 추진과 모바일 금융서비스 안정성 제고를 위한 전자금융 환경 개선을 수행하고 있다.

# 3장

블록체인과
가상자산

# | 요약 |

기존 중앙집중형 시스템은 원장(Ledger)을 집중하여 관리하는 신뢰할 수 있는 제3의 기관(TTP: Trusted Third Party)을 설립하고 해당 기관에 대한 신뢰를 확보하는 방식으로 발전해 왔다. 그러나 TTP를 설립하여 운영하는데 소요되는 높은 사회적 비용으로 인해 이용자가 높은 수수료를 부담하고, 규제 및 감독은 진입장벽으로 작용하여 혁신적인 신규 서비스 및 사업자의 진출을 제한한다는 비판이 제기되고 있다. 이러한 가운데 최근 들어 IT기술을 융합하는 핀테크 확산을 배경으로 블록체인(Blockchain) 및 분산원장(Distributed Ledger) 기술이 금융 및 경제 등에서 중요한 이슈로 대두되었다.

블록체인기술은 데이터 암호화 기술이며, 분산원장은 이렇게 암호화된 데이터를 참가자 모두에게 분산하여 보관하는 방식을 따른다는 약속 또는 규범으로 블록체인기술은 분산원장 개념을 구현하는 한 방법이다. 이러한 블록체인기술은 기존 TTP를 통한 것보다 외부의 해킹 및 조작 시도로부터 매우 안전한 것으로 평가되고 있다. 또한 분산원장기술은 모든 기록이 집중된 제3의 기관이 없기 때문에 기존 중앙집중형 시스템에 비해 인력 및 자원 투입이 불필요하고, 집중된 중앙서버가 없어 해킹 등 내·외부의 악의적인 공격으로부터 안전하며 원장이 모든 참가자에게 공개되기 때문에 원천적으로 정보유출 소지가 없어 투명성 측면에서도 우수하다.

뿐만 아니라 단일실패점(single point of failure)이 존재하지 않기 때문에 일부 참가 시스템에 오류 또는 성능저하가 발생하더라도 전체 네트워크에 미치는 영향이 미미하다.

한편 분산원장 및 암호화 기술을 바탕으로 민간에 의해 발행되어 투자대상으로 쓰이는 가상자산(virtual asset)에 대해 주요국 중앙은행과 국제기구는 대부분 가치의 불안정성, 계산단위와 교환의 매개수단 기능 수행에 어려움이 있는 등 화폐로서의 기능 수행에 한계가 있으며, 투자상품으로 보는 것이 맞다는 견해를 보이고 있다.

따라서 분산원장 기술을 활용한 가상자산이 법정화폐와 여타 지급수단을 상당 부분 대체하는 수준까지 발전할 가능성은 크지 않은 것으로 전망된다. 그러나 가상자산을 제외한 블록체인 기반의 분산원장 기술은 보안성 및 효율성 등을 감안할 때 기존 금융시장인프라 및 금융중개기관에 큰 변화를 초래하고, 지급결제시스템의 운영 및 관련정책을 수립·집행하는 중앙은행 업무에도 중대한 영향을 미칠 수 있는 잠재력을 가진 것으로 평가받고 있다. 특히 중개 및 정보의 정장과 처리를 담당하는 기관이 없어도 효율적이고 안전한 금융서비스 제공이 가능하다는 점에서 높은 기술적 혁신성을 가진 것으로 보인다. 그러나 아직까지는 동 기술을 직접 금융서비스 등에 적용하기에는 여러 제약이 있는 바, 분산원장 기술 발달을 지원하면서 중앙은행과 정부는 관련 부정적 영향 차단 및 포괄적이고 유연한 규제체계를 마련할 필요가 있을 것으로 판단된다.

# 1절
# 블록체인 기술의 이해

## Ⅰ. 블록체인과 분산원장의 개념

블록체인기술(blockchain technology)은 분산원장(distributed ledger) 개념을 구현하는 한 방법이다. 금융기관의 입장에서 두 개념을 알아보자. 블록체인기술은 금융기관과 거래하는 고객의 거래 내역들을 암호화하는 것이며, 분산원장은 암호화된 데이터를 모든 참가 고객들이 각각 보관·관리하는 것을 말한다. 즉 블록체인기술은 데이

**블록체인기술과 분산원장의 개념**

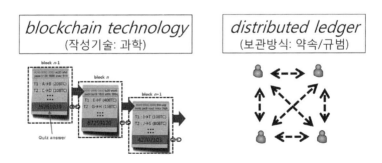

자료 : 한국은행

터 암호화 기술, 분산원장은 이렇게 암호화된 데이터를 참가자 모두
가 각각 보관, 즉 참가자 모두에게 분산하여 보관하는 방식을 따른다
는 약속 또는 규범이다.

## 1. 블록체인기술

블록체인을 이해하기 위해서는 우선 해쉬함수[72](Hash Function)를
이해할 필요가 있다. 일반적인 함수 $Y = X^3$이 있다고 가정해 보자. 이
러한 일반적인 함수는 독립변수인 X값을 알면 종속변수인 Y값은 함
수식에 따라 산출할 수 있을 뿐만 아니라 Y값을 통해 쉽게 X값을 구할
수 있다. 그러나 해쉬함수의 경우 거래 내역 등이 포함된 X값을 알면
Y값(해쉬값)은 산출할 수 있지만 해쉬값인 Y값을 통해 X값을 구하는
것은 엄청나게 많은 시간과 자원이 투입되어야만 가능한 구조로 이루
어진 함수이다. 블록체인은 해쉬함수를 통해 이전 거래들을 암호화된
'N-1기 해쉬값'과 'N기 거래 내역'으로 구성된 'N기 블록[73](block)'을
일정 시간(비트코인의 경우 10분)마다 생성시켜 '기존 블록(N-1기)'에
계속 연결(chain)하는 데이터 구조이다.

---

72  SHA-256 알고리즘을 통해 암호화해 원본 데이터를 알아볼 수 없도록 특수한 문자열로 변화한 값을 산출하는
    함수이다.
73  N기의 블록에는 N-1기의 해쉬값과 N기의 거래내역으로 구성되며, N+1기 블록은 N기의 해쉬값('N-1해쉬
    값'+'N기 거래내역'을 암호화한 값)과 N+1기 거래내역을 포함하게 된다.

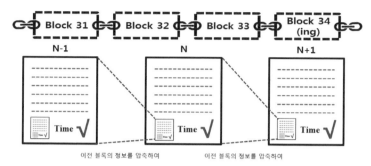

자료 : 한국은행

## 2. 분산원장기술

근대 이후 은행 잔고, 주식, 부동산 등 여러 자산의 소유권은 실물 보관 여부와 무관하게 특정 기관(은행, 예탁결제원, 법원 등)에서 관리하는 원장(ledger)에 기록(record)된 바에 따라 결정되었다. 반면 분산원장 기술은 블록체인 기술을 활용해 거래정보를 기록한 원장을 특정 기관의 중앙 서버가 아닌 P2P(Peer-to-Peer)네트워크에 분산하여 참가자가 공동으로 기록하고 관리하는 기술이다. 또한 모든 참여자가 거래 내역이 기록된 원장 전체를 각각 보관, 즉 원장 전체를 참가자에게 분산하여 하고 보관하게 하고 새로운 거래를 반영하여 갱신(update)하는 작업도 공동으로 수행[74]한다.

---

74  특정 참가자가 원장을 저장하거나 수정할 권한을 독점하는 경우 중앙집중형 시스템으로 회귀하게 된다.

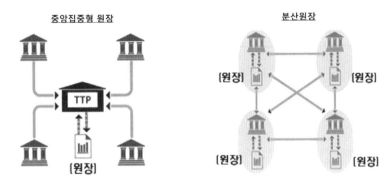

중앙집중형 및 분산 원장 개요

자료 : 한국은행

중앙집중형 원장 보관 방식은 비용을 절감하고 소유권을 명확히 할 수 있는 장점을 가지고 있는 반면 특정한 권한과 책임이 집중되어 있는 제3의 기관(TTP: Trusted Third Party)에서 거래 내역 조작 등을 예방하기 위한 감독과 감시 규제를 제도화하고 전산시스템 오류 및 해킹 등으로 이용자 피해가 발생하지 않도록 IT인프라와 보안 등에 대규모 인력 및 설비 투자를 하는 등의 신뢰 확보를 위한 조치가 필요하다. 반면 분산원장 기술은 모든 기록이 집중된 제3의 기관이 없기 때문에 기존 중앙집중형 원장 보관 방식에 비해 제3의 기관 설립 · 운영을 위한 인력 및 자원 투입이 불필요하고, 해킹 등 보안사고를 방지하기 위한 인프라 투자비용도 절감 가능하다. 또한 거래 정보를 모든 참가자가 공동으로 관리하기 때문에 높은 투명성과 정보유출 소지가 없으며, 중앙서버가 없어 해킹 등 내 · 외부의 악의적인 공격으로부터 안전하다. 뿐만 아니라 단일 실패점[75](single point of failure)이 존재하지 않기 때문에 일부 참가 시스템에 오류 또는 성능저하가 발생하더라도 전체 네트워크에 미치는 영향은 미미하다.


## II. 블록체인기술의 안전성과 한계

### 1. 안전성

블록체인 방식의 분산원장 기술은 외부의 해킹 및 조작 시도로부터 매우 안전한 것으로 평가된다. 우선 블록체인기술의 경우 해쉬함수의 특성으로 인해 10분 또는 몇십초와 같이 짧은 시간이 지나면 기존 블록에 새로운 거래 내역을 포함한 신규 블록이 만들어지게 되는데, 이 짧은 시간내에 암호화된 해쉬함수를 해독해 해당 블록을 조작하기는 거의 불가능하다. 이처럼 해당 블록 조작에 시간을 허비하고 있을 때에 신규 블록(기존 블록에 새로운 거래 내역을 포함)이 생성되게 되면, 참가자들은 항상 가장 긴 블록, 즉 신규 블럭을 선택하도록 설계되어 있으므로 과거의 블록을 조작하는 것은 아무런 의미가 없게 되므로 해킹에 실패하게 되는 것이다. 여기에 대해 분산원장 방식을 적용해 모든 참가자가 블록체인기술로 암호화된 데이터를 보관할 경우, 모든 참가자

---

75　일부 서비스 관련 시스템이 정상적으로 작동하지 않을 경우 전체 서비스를 중단시킬 수 있는 부분을 의미한다.

들의 보관 파일을 해킹해야 하므로 이는 사실상 불가능한 일이 된다.

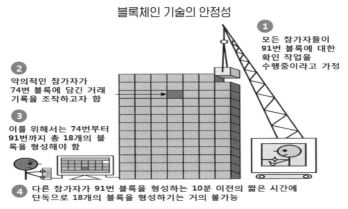

블록체인 기술의 안정성

① 모든 참가자들이 91번 블록에 대한 확인 작업을 수행중이라고 가정

② 악의적인 참가자가 74번 블록에 담긴 거래 기록을 조작하고자 함

③ 이를 위해서는 74번부터 91번까지 총 18개의 블록을 형성해야 함

④ 다른 참가자가 91번 블록을 형성하는 10분 이전의 짧은 시간에 단독으로 18개의 블록을 형성하기는 거의 불가능

자료: IEEE(2015)

## 2. 블록체인기술의 한계

블록체인기술에도 여러 기술적인 한계가 있는 것으로 나타나고 있다. 우선 블록의 조작 등을 방지하는데 주안점을 두고 설계되어 이미 승인된 거래를 취소 및 피해 복구 등이 어렵다. 또한 블록체인의 특성상 거래기록이 진실된 것이라는 신뢰를 확보하기 위해서는 모든 참가자의 51%가 블록의 거래기록이 맞다는 동의가 필요하며 이러한 동의는 경쟁적인 채굴(mining)과정에서 형성되기 때문에, 채굴을 위해 많은 연산 능력과 전력 등이 필요하게 되는 등 과도한 자원 투입이 요구된다. 이외에도 기술적인 오류 등 문제 발생시 참가자들이 해결책을 채택·적용하기 위해 다수의 동의를 얻는 과정에서 의사결정이 지연되어 신속한 대응에 어려움이 있다.

지급결제를 알아야 돈이 보인다

# 2절
# 현행 금융시스템과 가상자산

## Ⅰ. 가상자산 개념

분산원장과 블록체인기술 및 블록체인기술을 개선하거나 용도를 차별화하는 방식으로 비트코인을 비롯한 8,800여 종의 코인들이 상장[76]되어 있는 상황하에서 일의적으로 가상자산의 개념을 정의하기는 쉽지 않다.

IMF는 실물없이 가상으로 존재하고 법화와의 교환이 보장되지 않는다는 점을 감안하여 가상통화(virtual currency)라고 표현하였으며, BIS는 충분하지는 않지만 일부 화폐적 특성을 지니고 디지털 형태로 표시되는 자산이라는 점 등을 고려해 디지털화폐(digital currency)로 분류하였다. 그러나 G20를 비롯한 국제사회는 비트코인 등이 화폐로서의 특성을 결여하고 있으며, Currency라는 명칭으로 인해 일반 대중에게 화폐로 오인될 가능성이 있고 현실에서는 주로 투자의 대상

---

76  2023년 11월말 기준이며, 현재에도 약 20,000여 종의 코인이 개발되고 있는 것으로 추정되고 있다.

이 되고 있다는 점을 감안하여 암호자산(crypto-asset)이라는 용어를 사용하기 시작했다. 우리나라는 실물없이 가상으로 존재하고 투자의 대상인 점 등을 감안해 가상자산[77](virtual asset)이라는 용어를 사용하고 있다. 따라서 분산원장 및 암호화 기술을 바탕으로 민간에 의해 발행되어 투자대상 등으로 쓰이는 것을 가상자산으로 정의할 수 있으며, 기술적으로는 블록체인기술로 암호화된 해쉬값을 구하는 과정에서 보상(아래 〈참고2〉 '비트코인 채굴 과정' 참조)으로 주어지는 것이다.

<참고 2>　　　　　　　비트코인 채굴(mining) 과정

블록체인방식에 따라 N기 블록은 '① N-1기 해쉬값인 $Y_{N-1}$'과 '② N기 거래내역'으로 구성된다.

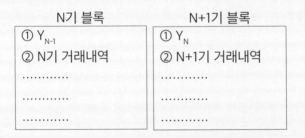

그리고 일정 시간(10분) 이후 N기 블록과 연결될 새로운 N+1기 블록을 구성하기 위해서는 N기의 해쉬값 $Y_N$을 아래의 해쉬함수를 통해 산출된다. 이때 $Y_N$은 N기 해쉬값으로 컴퓨터 알고리즘에 따라 앞자

---

77　2013년 5월 「가상자산기본법」이 제정되면서 가상자산으로 명명하고 있으나, 아직 암호자산 등과 혼용하여 사용되고 있다.

리 6개가 0인 난수[78]로 이루어진 값이 되어야 한다.

$Y_N$ = 해쉬함수 (① $Y_{N-1}$, ② N기 거래내역, ③ 논스)

- $Y_{N-1}$ : N-1기 블록을 암호화한 해쉬값
- N기 거래내역 : N기에 발생한 거래를 기록한 값으로 암호화되어 있지 않고 거래 내역을 기술한 것임

⇒ 위 해쉬함수에서 종속변수인 N기 해쉬값이 앞자리 6개가 '0'인 $Y_N$을 만들 수 있는 「③ 논스」의 값을 구하게 되면 보상으로 비트코인을 지급하게 되는데, 이를 채굴(mining)이라 한다.

## II. 가상자산 개발동기

가상자산을 개발하게 동기는 기존 금융기관 및 금융시스템에 대한 불신 등에 기인한 측면이 크다. 화폐를 발행할 권한을 가진 중앙은행이 국민들의 자산가치를 지켜줄 것이라는 신뢰에 대한 의구심과 거래기록이 모두 노출되어 익명성이 보장되지 않는다는 점 등이 가상자산의 개발을 촉진시켜왔다. 2008년 리만브라더스 파산으로 인한

---

78   일반적으로 6개 이나, 해당 블록의 해쉬값을 구하고자 하는 사람이 많을 경우에는 희소성에 따라 0의 자리수가 늘어나게 된다.

글로벌 금융위기 시 각국 정부와 중앙은행은 공적자금 투입 및 양적 완화 등을 통해 금융위기를 타개하고자 했다. 글로벌 금융위기 이전에 금융기관의 무분별한 투자로 자산버블이 발생해 금융기관 파산으로 금융위기가 발생했음에도, 책임자에 대한 문책없이 오히려 대규모 공적자금 및 중앙은행의 자금공급으로 인플레이션 등이 발생해 일반 국민들은 수십년간 저축한 예금의 가치 하락으로 보유 자산 가치만 하락하는 결과를 초래하는 등 기존 금융기관 및 금융시스템에 대한 불신이 크게 증가하였다. 또한 이전부터 금융기관에서 금융거래내역을 집중 관리함에 따라 익명성이 저해되는 문제가 발생하였다. 이처럼 기존 금융시스템 및 중앙은행이 발행하는 법정통화에 대한 신뢰저하 등으로 특정 기관에 대한 신뢰에 의존하지 않고 동시에 현금과 같은 익명성을 제공하면서 금융거래가 가능한 탈중앙화된 금융(Decentralized Finance)에 대한 욕구가 증가하였다. 이러한 욕구가 블록체인 및 분산원장 기술의 발전에 힘입어 중앙화된 금융기관 없이도 거래 내역의 위변조가 어려운 지급수단 활용으로 이어질 것이라는 기대가 개발자들을 중심으로 커지게 되면서 수많은 가상자산이 발행되고 있다.

# III. 거래구조

가상자산의 거래 플랫폼은 당사가 간(P2P)에 동 자산의 이체와 발행이 이루어지는 글로벌 플랫폼과 투자목적의 거래 시 신속한 매매거래를 위해 가상자산 교환소[79]가 구축·운영하는 로컬 플랫폼으로 구분된다. 이외에도 신종 가상자산의 발행(ICO: Initial Coin Offering) 또는 기존 가상자산의 무상분할(hard fork) 등의 방식으로 새로운 가상자산이 출시되어 거래가 이루어지기도 한다.

## 1. 글로벌 플랫폼

대부분의 가상자산 글로벌 플랫폼은 참가자의 참여에 제한을 두고 있지 않은 개방형[80]이기 때문에 누구라도 저장소(node) 역할을 수행할 수 있으며, 가상자산의 이체 및 발행 정보가 전 세계에 분산된 각 노드에 전달되어 블록체인방식으로 거래원장에 기록된다. 이처럼 원장에 기록함으로써 새로운 블록을 생성하는 기록확정 시 보상으로 가상자산이 신규 발행된다.

---

79  가상자산 교환소는 시장 안정장치 및 투자자 보호장치가 없다는 점 등에서 유가증권 거래소와는 본질적으로 큰 차이가 있다.
80  개방형 플랫폼은 사용자가 일정 요건만 갖추면 플랫폼 참여에 제한을 두지 않고 플랫폼의 기능, 정보, 서비스 등을 원하는 방식대로 이용할 수 있는 환경을 의미한다.

## 2. 로컬 플랫폼

글로벌 플랫폼의 거래 기록확정에는 상당한 시간이 소요되기 때문에 투자목적의 가상자산 거래를 위해서는 글로벌 플랫폼이 아닌 가상자산 교환소가 운영하는 로컬 플랫폼을 주로 이용하게 된다. 교환소[81]는 자신이 미리 확보한 가상자산을 고객에게 매도하는 방법 등으로 일종의 지역 시장을 형성한다.

## 3. 새로운 가상자산 출시

새로운 가상자산의 출시는 신규 사업의 자금조달을 위한 ICO[82] 또는 기존 가상자산에 적용된 기술 등을 개선하는 과정에서 기존 가상자산의 블록체인 원장이 두 갈래로 나뉘면서 새로운 가상자산이 출시되는 가상자산 무상분할[83] (hard fork) 등의 방식으로 이루어진다.

---

81  글로벌 플랫폼이 개방형 구조인데 반해 교환소의 로컬 플랫폼은 허가된 고객만 접속하는 폐쇄형 구조이다.

82  ICO는 스타트업 등이 사업 계획(white paper)을 발표하고 필요한 자금을 조달하기 위해 기존 가상자산과 교환하는 방식 등으로 새로운 종류의 가상자산을 발행하는 것을 지칭한다.

83  비트코인의 경우 비트코인캐시(2017.8월), 비트코인골드(2017.10월), 이더리움의 경우 이더리움클래식(2016.10월) 등이 무상분할로 새롭게 출시되었다.

지급결제를 알아야 돈이 보인다

# Ⅳ. 가상자산의 특성 및 성격

## 1. 가상자산의 특성

가상자산은 현금, 전자화폐(e-money) 등 기존 지급수단과 비교할 때 다음과 같은 특성을 가지고 있다

① 가상자산은 신뢰할 수 있는 제3자(TTP)의 역할을 수행하는 발행기관이 존재하지 않으며, 발행량 및 발행규칙이 컴퓨터 알고리즘에 따라 사전에 고정[84]되어 있다.

② 가상자산은 제3의 기관이 존재하지 않으며, 대신 거래원장을 P2P 네트워크에 분산하여 저장하고 기록 및 승인을 모든 참가자가 공동으로 수행한다.

③ 독자적인 화폐단위를 사용하며 외부 거래소 등에서 법정통화와 교환할 수 있는데 상대가격(교환비율)이 수요과 공급에 따라 변동[85]한다. 또한 법정통화와의 교환은 가능하지만 보장되지는 않는다.

④ 별도의 등록 · 승인 절차없이 개인, 상점 등 누구라도 P2P네트워크에 참가하면 곧바로 이용 가능하다.

---

84　참가자 간 합의로 발행량 및 발행규칙 등을 수정할 수 있지만 이해당사자의 이견을 조정하는 절차가 복잡하고 긴 시간이 소요된다.

85　전자화폐 및 예금통화의 경우 법정통화 단위를 사용하고 발행기관이 1:1로 고정된 비율로 법정통화와 교환이 보장된다.

## 가상자산 및 현금·전자화폐의 특성 비교

|  | 현 금 | 전자화폐 | 가상자산 |
|---|---|---|---|
| 발행기관 | 중앙은행 | 금융기관,<br>전자금융업자 | 없음 |
| 발행규모 | 중앙은행 재량 | 법정통화와 1:1 교환 | 알고리즘에 의해<br>사전 결정 |
| 거래기록<br>및 승인 | 불필요 | 발행기관 및 청산소 | 분산원장 기술 이용<br>P2P네트워크 |
| 화폐단위 | 법정통화 | 법정통화와<br>동일 | 독자적인 화폐단위 |
| 법정통화와<br>교환 여부 |  | 발행기관이<br>교환을 보장 | 가능하나<br>보장되지 않음 |
| 교환가격 |  | 고정 | 수요·공급에 따라<br>변동 |
| 사용처 | 모든 거래 | 가맹점 | 참가자 |

## 2. 가상자산의 성격

### 가. 경제적 성격

가상자산은 종류도 많고 기능 및 용도도 다양한 데다 관련 기술이 계속 발전하고 있어 현 시점에서 가상자산의 성격을 일률적으로 규정하기는 어렵다. 특히 가상자산이 화폐나 지급수단으로 기능하는지에 대해서는 개발자들과 각국 중앙은행 등이 다른 입장을 보이고 있다.

(개발자 주장)

가상자산 개발자들은 가상자산이 현존하는 법화의 경쟁재 또는 대체재라는 입장을 나타내고 있다. 비트코인 개발자들은 화폐의 기본 기능을 교환의 매개수단이라고 보고 금융기관을 배제한 당사자끼리의 지급수단으로서 비트코인을 개발했으며, 비트코인을 이용한 물품 구매와 해외 송금 등이 가능하므로 가상자산이 지급수단의 역할을 하고 있다고 주장한다.

(각국 중앙은행의 입장)

우리나라를 비롯한 미국 등 다수의 중앙은행들은 가상자산이 화폐가 아니라는 입장을 명확히 견지하고 있다. 앨런 전 미 연준 의장을 포함한 상당수 중앙은행 총재들은 가상자산이 투기적 자산일 뿐 안정적 가치저장 수단이 아니라는 입장을 표명하였다. 폴로즈 캐나다 중앙은행 총재도 가상자산 구매는 투자보다는 도박에 가까우며 가상통화라는 말 자체가 잘못된 표현이라고 언급하였으며, 중국인민은행은 가상자산을 통화대용품으로 인정하지 않는 입장이다. 한국은행이 아시아 역내 주요국 중앙은행을 대상으로 실시한 설문조사 결과에서도 가상자산을 화폐나 지급수단으로 인정한 경우는 없는 것으로 조사되었다. 다만 영란은행은 ECB의 설문조사에서 '가상자산이 소수의 사람들간에 제한적으로 이용되는 돈(money)'으로 기능할 수 있다고 답한 바 있다.

(국제기구 등의 의견)

IMF, BIS 등의 연구자들은 가상자산이 가치의 저장수단(store of value) 기능을 일부 수행[86]할 수는 있는 것으로 보고 있다. 그러나 가치의 불안정성 등으로 인해 가상자산이 계산단위[87](unit of account)와 교환의 매개수단(medium of exchange) 기능을 수행하기는 어렵다는 견해를 표명하였다.

## 나. 법적 성격

국제적으로 가상자산의 법적 성격(화폐, 지급수단, 금융상품 등)을 규정한 경우는 없다. 한편 우리나라도 가상자산은 화폐, 전자지급수단, 금융투자상품 중 어느 하나에도 해당되지 않는다. 「한국은행법」에서 '화폐의 발행권은 한국은행만이 가진다'라고 규정하고 있으므로 가상자산은 법정화폐가 될 수 없으며, 「어음법」, 「수표법」, 「전자금융거래법」 등에 따른 지급수단[88]에 해당되지 않는다. 또한 「자본시장법」상 금융투자상품에 해당하기 위해서는 발행자와 투자자 간의 채권 · 채무관계가 포함되어야 하나, 가상자산에는 이러한 관계가 포함되어 있지

---

86 IMF는 가상자산을 중앙은행이 아닌 민간 개발자가 공급하고 자체 표시단위가 있는 가치의 전자적 표시(digital representation of value)라고 표현하였으며, BIS는 전자적으로 저장된 가치를 의미하는 디지털화폐의 일종으로 분류하였다. ECB는 가상자산을 중앙은행, 금융기관 및 전자화폐엉ㅂ자가 공급하지는 않지만 경우에 따라 화폐의 대체물(alternative to money)로 쓰일 수 있는 가치의 전자적 표시라는 입장을 보였다.

87 화폐의 기능 중 계산단위(unit of account)는 타 재화들의 가치를 두루 표시할 수 있는 기준(numeraire)을 의미한다. 경제학자 제본스는 이를 common measure of value라고 표현했는데 현재의 가상자산은 높은 가격 변동성 등으로 인해 그러한 기능을 수행하기 어렵다.

88 지급수단은 채권·채무 관계의 해소 등을 위한 자금의 이전을 가능케 하는 수단 또는 일련의 절차로서 현금과 어음·수표·계좌이체 등 비현금지급수단으로 구분 가능하다. 어느 나라에서나 상거래 질서의 안전을 위해 관련 법을 통해 지급수단의 발행과 유통을 엄격히 제한하고 있다.

않고 있다.

가상자산은 유형적인 실체없이 전자적 정보의 형태로 존재하면서 독립적인 매매의 대상이 될 수 있다는 점에서 일종의 상품(디지털형태의 상품)으로 볼 수 있다. 이에 우리나라 대법원은 비트코인을 재산적 가치가 있는 무형의 재산으로 보고 몰수할 수 있다고 판결(2018.5월)하였으며, 온라인 게임머니의 성격을 부가가치세법상 재화로 해석(2012.4월)했다. 미국 법원은 가상자산 관련 사기 사건에 대한 재판에서 가상자산을 상품선물거래위원회(CFTC)가 규제할 수 있는 상품으로 판단(2018.2월)하였다. 이처럼 주요국들은 가상자산의 성격을 일의적으로 정의하기 어려운 점, 가상자산에 대한 입법이 이를 공인하는 의미로 받아들여질 수 있다는 점 등을 감안하여 대체로 기존 법률의 테두리 내에서 분야별로 대응[89]하고 있다.

---

89 미국 뉴욕주는 비트코인 등 가상자산 관련 범죄를 예방하고 암호자산 거래의 투명성을 제고하기 위해 주 금융 감독규정에 가상자산 관련 조항을 신설하고 인가제도(BitLicense)를 도입하였으며, ICO에 대해서는 ICO조건이 증권거래에 해당되는지를 판단한 뒤 「증권거래법」을 적용하고 있다. 독일은 가상자산을 「연방은행법」상 계산단위로 사용될 수 있는 금융수단(financial instrument)으로 해석하고 가상자산 취급업자에게 인가 등 금융기관에 준하는 규제를 적용하고 있다. 한편 스위스는 새로이 발행되는 가상자산을 지급수단, 어플리케이션 이용수단, 자산증표로 구분하고 각 유형별로 증권 규제 관련 법률 및 자금세탁방지법 등을 적용하고 있다.

# V. 가상자산의 자격에 대한 주요 논의

## 1. 지급수단으로서의 인정 여부

가상자산의 지급수단으로서의 자격을 BIS 지급결제 및 시장인프라 위원회(CPMI)가 제시한 분석틀[90]을 활용하여 안전성(운영리스크, 법적 리스크, 지배구조 문제)과 효율성(처리 소요시간, 건당 처리비용, 사회적 비용, 이용자 편의성) 측면을 점검해 볼 수 있다.

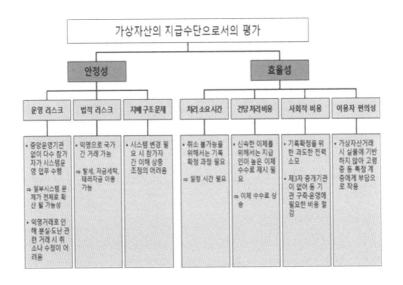

---

90  BIS CPMI는 지급결제시스템이 분산원장 기술을 이용하는 경우 해당 시스템의 안전성과 효율성을 평가하는 방법론을 제시하였다.('Distributed ledger technology in payment, clearing and settlement: An analytical framework'(2017.2월, BIS CPMI))

## 가. 안전성

(운영리스크)

가상자산의 지급결제 메커니즘은 중앙 운영기관을 배제하고 다수의 참가자들이 시스템 운영 업무를 수행하고 있어 일부 참가자의 문제로 인한 영향이 전체 시스템으로 확산[91]되는 것은 다소 제한적이다.

그러나 익명성 등으로 인해 가상자산의 분실·도난 사고와 관련된 거래 발생시 이를 취소하거나 수정하기 어렵다. 이는 감독당국이 정한 요건에 따라 보안수단을 구비하고 해킹 등 피해 발생시 구제절차를 마련하고 있는 신용카드 및 인터넷뱅킹 등 기존 지급수단에 비해 안전성이 미흡한 것으로 평가된다.

(법적리스크)

가상자산은 법적 기반이 미비한 가운데 국경을 넘어 익명으로 거래가 가능하기 때문에 탈세, 자금세탁 및 테러자금 이용 등 불법 행위와 연관될 경우 해당거래를 추적하기 용이하지 않다. 특히 국가별 규제가 상이하다면 문제의 복잡성이 더욱 커질 수 있다.

---

91  중앙운영기관이 존재하는 기존의 지급결제 메커니즘은 시스템의 일부가 정상적으로 작동되지 않을 경우 전체 시스템의 운영 또는 서비스 제공이 중단되는 단일실패점(single point of failure)이 존재한다.

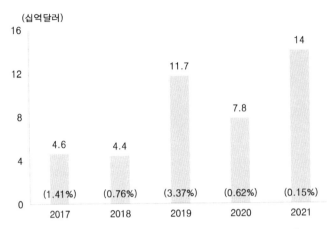

**불법용도 가상자산 거래금액**

(십억달러)

- 2017: 4.6 (1.41%)
- 2018: 4.4 (0.76%)
- 2019: 11.7 (3.37%)
- 2020: 7.8 (0.62%)
- 2021: 14 (0.15%)

주: 불법용도 암호자산 거래금액 (괄호안은 전체 암호자산 거래에서의 비중)
자료: The Chainalysis 2022 Crypto Crime Report

(지배구조 문제)

가상자산 지급결제 메커니즘은 중앙운영기관이 아니라 시스템을 이용하는 다수의 참가자들이 시스템 운영에 관여하고 있어 이해상충 시 이를 조정하는데 어려움이 발생하는 등 신속한 대응에 제약[92]이 있을 수 있다.

---

92 효율성 제고 등을 위해 시스템을 변경할 경우 참가자의 동의를 얻는 과정에서 의사결정이 지연되는 등 신속한 대응이 제약될 수 있다. 실례로 거래 증가에 대응하여 암호자산의 기록(블록) 용량 확대 등을 도모하는 과정에서 시스템 참가자(채굴자, 개발자 등) 간의 합의가 이루어지지 않아 시스템 분할(hard fork)과 함께 새로운 암호자산이 출시되기도 했다.

## 나. 효율성

(처리 소요시간)

가상자산을 이용한 P2P 거래는 별도의 청산·결제 과정이 필요없지만, 거래 내역을 블록체인에 기록하고 확정하는 데에는 시간이 필요하다. 이는 가상자산 이체 시에는 기록확정(블록체인에 기록) 과정을 거쳐야 할 뿐만 아니라 동 거래가 취소불가능 상태에 이르기 위해서는 일정시간이 경과[93]할 필요가 있다. 또한 가상자산 지급결제 메커니즘의 기술적인 한계로 거래량 증가시 처리 소요시간은 더욱 늘어날 가능성[94]이 있다.


(건당 처리비용)

가상자산의 이체수수료는 기본적으로 지급인이 정하는데 신속한 이체 처리를 원하는 경우 높은 수수료를 제시하게 된다. 과거 2017년 12월 시장과열로 거래량이 급증하면서 지급인들이 신속한 거래 처리를 위해 높은 수준의 수수료를 제시하면서 이체 건당 수수료가 55달러까지 상승[95]한 경우도 있었다. 한편 수취인은 가상자산을 법정화폐로 교환하는 과정에서 별도의 수수료를 부담하기도 한다.

---

93  현재 비트코인의 경우 기록확정된 거래가 기술적으로 취소 불가능해지기 위해서는 최소 6개의 블록(평균 1시간)이 형성되어야 하는 것으로 알려져 있다.

94  비트코인의 경우 처리용량의 제한으로 인해 거래가 급증하여 대기거래가 증가하였으며, 2017년 11월 이더리움 기반 게임(CryptoKitties) 출시로 동 게임에 필요한 암호자산인 이더리움의 거래량이 폭증하여 네트워크 과부하 현상이 발생하고 거래 대기건수가 평소보다 6배 증가하여 거래시간이 크게 지연되었다.

95  비트코인 이체수수료는 비트코인으로 표시(예컨대 0.00001BTC)됨에 따라 동 기간중 비트코인의 가격이 급등한 점도 수수료가 큰 폭으로 상승한 데 일정 부분 기여한 것으로 판단된다.

(사회적 비용)

가상자산은 기록확정 작업과 관련한 채굴자들의 과도한 전력소모 등 높은 사회적 비용을 초래하고 있는 것으로 평가[96]되고 있다. 그러나 가상자산 지급결제 메커니즘이 기본적으로 제3자 중개기관을 통하지 않는 점을 감안할 때 이를 구축, 유지하는데 드는 비용은 절감되는 장점이 있다. 한편 이와 같은 중개기관 관련 비용의 절감은 높은 보안성과 함께 금융, 물류, 의료정보 등 여러 분야에서 블록체인기술을 적용하기 위한 다양한 시도가 이루어지는 유인이 되고 있다.

(이용자 편의성)

지갑을 실물 대신 PC나 모바일 기기에 설치하고 가상자산을 거래에 이용하는 과정이 고령층 등에게는 부담으로 작용할 수 있다.

## 2. 화폐로서의 인정 여부

가상자산과 관련한 주요 쟁점은 화폐로서의 기능 수행 여부인 바, 교환의 매개수단(medium of exchange), 계산단위(unit of account), 가치의 저장수단(store of value) 등 기능별로 점검할 경우 가상자산이 화폐를 대체할 가능성은 극히 낮아[97] 보인다.

---

96　투자은행의 예측에 따르면 2018년중 전 세계 채굴자들의 예상 전력소모량은 120 ~ 140 테라와트시에 달하는 것으로 알려져 있다. 이는 전 세계 전력소모량의 0.6%, 아르헨티나 전체 전력소모량 정도에 달하는 것으로 평가된다.

97　BIS도 연례 경제보고서(Annual Economic Report, 2018.6.24.)에서 가상자산이 기반 기술의 정교성에도 불구하고 현 시점에서 화폐의 견고한 제도적 기반을 대체하기에는 미흡한 것으로 평가하고 있다.

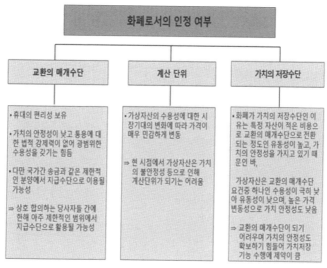

화폐로서의 인정 여부

| 교환의 매개수단 | 계산 단위 | 가치의 저장수단 |
|---|---|---|
| • 휴대의 편리성 보유<br><br>• 가치의 안정성이 낮고 통용에 대한 법적 강제력이 없어 광범위한 수용성을 갖기는 힘듦<br><br>• 다만 국가간 송금과 같은 제한적인 분야에서 지급수단으로 이용될 가능성<br><br>⇒ 상호 합의하는 당사자들 간에 한해 아주 제한적인 범위에서 지급수단으로 활용될 가능성 | • 가상자산의 수용성에 대한 시장기대의 변화에 따라 가격이 매우 민감하게 변동<br><br>⇒ 현 시점에서 가상자산은 가치의 불안정성 등으로 인해 계산단위가 되기는 어려움 | • 화폐가 가치의 저장수단인 이유는 특정 자산이 적은 비용으로 교환의 매개수단으로 전환되는 정도인 유동성이 높고, 가치의 안정성을 가지고 있기 때문인 바,<br><br>가상자산은 교환의 매개수단 요건중 하나인 수용성이 극히 낮아 유동성이 낮으며, 높은 가격 변동성으로 가치 안정성도 낮음<br><br>⇒ 교환의 매개수단이 되기 어려우며 가치의 안정성도 확보하기 힘들어 가치저장 기능 수행에 제약이 큼 |

자료 : 한국은행

## 가. 교환의 매개수단

화폐가 물물교환을 대체하는 교환의 매개수단으로 인정받는 이유는 휴대가 편리하고, 광범위한 수용성(acceptability)을 갖추었기 때문인 바, 가상자산은 전자지갑 등을 통한 휴대의 편리성을 가지고 있지만 수용성은 미흡한 것으로 평가된다. 실제 교환의 매개수단으로서 가상자산의 활용 사례는 매우 적어 극히 제한적[98]인 것이며, 투자은행의 분석[99]에 따르면 대부분의 가상자산 거래가 투기적 목적과 관련

---

98  비트코인을 이용하여 상거래 등에서 P2P방식으로 지급이 이루어질 경우 비트코인의 지갑 간 이체가 이루어지는데 2017년중 동 건수(출처 Blockchain. Info)는 일평균 28.5만 건(전세계 기준)으로 동 기간중 국내 일평균 신용·체크카드 승인건수(2017년중 일평균 약 5,291만 건)의 0.5% 수준에 불과하며, 특히 이들중 상당수가 교환소를 통한 매매거래와 관련된다는 점을 감안하여 상거래에 이용되는 건수는 훨씬 적을 것으로 추정된다.

99  'Interview with Fred Ershman',「Top of Mind 21」(2014.3월, Goldman Sachs)

되며, 투기 목적의 거래 및 보유가 크게 증가하더라도 교환의 매개수단 기능을 확충하는 효과는 거의 없는 것으로 나타났다. 또한 가치의 안정성이 매우 낮고 통용에 대한 법적 강제력이 없는 가상자산이 단기간 내에 광범위한 수용성을 갖는 것은 결코 쉽지 않은 것으로 판단된다. 뿐만 아니라 지급수단 간 경쟁시 선택기준이 되는 비용(수수료), 편의성, 확실성(가치의 안정성) 등의 측면에서 가상자산은 실물화폐에 비해 경쟁력이 낮다. 다만 국가간 송금과 같은 제한적인 분야에서 지급수단으로 이용될 가능성은 있을 것으로 보인다. 그러나 이 경우에도 각국 외환당국의 규제, 기존 서비스제공 업체와의 경쟁 등이 변수로 작용할 수 있다. 따라서 가상자산은 상호 합의하는 당사자들 간에 한해 아주 제한적인 범위내에서만 지급수단으로 활용될 수 있을 것으로 보인다.

### 나. 계산단위

가상자산은 수용성에 대한 시장기대의 변화에 따라 가격이 민감하게 변동하는 등 높은 가격 변동성이 있으며, 알고리즘에 의해 사전에 공급량이 정해져 가격 불안정이 발생하는 등 불확실한 시장가치로 인해 가치 척도로서의 기능을 수행하기에는 매우 어려움이 있다. 또한 특정 시점에서는 교환소 간에 가격 차이가 나타나면서 전통적인 일물일가의 법칙이 지켜지지 않는 점도 가치를 표시하는 지표의 역할을 수행하기 어려운 요인으로 작용하고 있다.

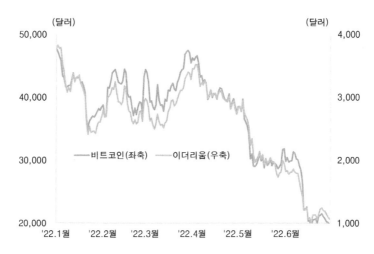

가상자산의 가격 변동

주 : 일별 비트코인 및 이더리움 가격
자료 : FRED

## 다. 가치의 저장수단

화폐가 가치의 저장수단인 이유는 높은 유동성과 가치의 안정성을 갖추고 있기 때문이다. 유동성이란 특정 자산이 적은 거래비용을 들여 교환의 매개수단으로 전환될 수 있는 정도를 의미하는데, 화폐는 그 자체가 교환의 매개수단이므로 유동성이 가장 높은 자산이다. 가상자산은 가치가 있다고 믿는 경제주체에게는 투자자산으로 활용되고는 있으나 교환의 매개수단으로 광범위한 수용성을 갖추지 못해서 유동성이 높지 않다 . 또한 높은 가격 변동성으로 인해 가치의 안정성을 확보하고 있다고 보기에도 어려움이 있다. 따라서 가상자산이 가치저장 기능을 수행하는데는 제약이 클 것으로 판단된다.

# 3절
# 가상자산이 지급결제에 미치는 영향

가상자산이 기존 화폐를 대체할 것으로 예상되지는 않지만, 향후 기술적 문제가 해소되고 일반인들의 수용성이 제고된다면 투자자산 및 지급수단으로서의 활용이 확산될 가능성을 배제하기 어려운 측면도 있다. 따라서 가상자산이 투자자산과 지급수단으로서의 위상이 높아져 중앙은행의 정책과 지급서비스업계 등 금융산업에도 영향을 미칠 것으로 예상된다.

가상자산이 미래에도 화폐를 대체하지는 못하더라도 제한된 분야에서 지급수단(payment instrument)으로 이용될 가능성이 있다. 화폐는 보편적 통용력을 바탕으로 납세, 채무상환, 손해배상 등을 최종적으로 종결시키는 수단이므로 법화(fiat money)가 그 역할을 담당할 수밖에 없다. 그러나 지급수단은 상품권, 게임머니 등과 같이 집단 구성원 간 합의를 통해 그 지위를 얻을 수 있다는 점에서 가상자산이 제한된 범위내에서 지급수단으로 활용될 여지는 있다. 이처럼 시장의 선택에 의해 가상자산이 일상 생활에서 소액지급수단으로 일정한 위상을 갖게 된다면 신용카드업 및 전자금융업 등 지급서비스 업계와

지급결제를 알아야 돈이 보인다

지급결제제도의 안정성에는 변화가 있게 된다.

# Ⅰ. 지급서비스 업계

소액지급수단으로서의 가상자산은 우리나라의 교통카드, 중국의 알리페이·위챗처럼 일정 수준의 구매력을 특정 업체가 이체(충전)해 두고 수시로 인출(지급)하는 일종의 선불지급수단의 성격을 가질 수 있으며, 이 경우 가상자산의 이용 확산은 선불지급수단은 물론 후불 지급수단인 신용카드나 체크카드 등의 수수료 인하 압력으로 작용하는 등 소액지급수단을 발행하는 기존 업자와 가상자산 취급업자 간의 경쟁 확산이 예상된다.

소액지급수단 시장에서의 경쟁 심화는 금융기관 및 전자금융업자가 제공하는 모바일 지급서비스의 편리성 제고와 비용 절감을 유도할 수 있을 것으로 예상된다. 한편 가상자산 교환의 주요 사업이 현재의 매매거래 중개에서 고객의 선불지급수단 관련 사업(가상자산 보관 및 이체 등)으로 변화될 가능성도 있다.

# II. 지급결제의 안정성

가상자산은 제3자를 배제한 P2P 모델로 개발되었다. 따라서 물품 구매시 매번 글로벌 플랫폼에 접속하여 당사자 간에 가상자산을 주고 받아야 하는데, 현재의 기술수준 하에서는 처리속도의 한계로 매우 비효율적[100]인 측면이 크다. 그러므로 가상자산 교환소 등 제3자가 고객으로부터의 가상자산 수취, 상점앞 가상자산 또는 법화 지급 등의 서비스를 제공하는 중개역할을 수행해 처리속도 문제 등을 해결할 필요가 있어 보인다.

그러나 가상자산을 이용하여 P2P 방식으로 즉시 결제가 이루어진다면 신용리스크 등은 발생하지 않는 반면 가상자산 취급업자 등 제3자가 개입할 경우에는 고객의 가상자산 보관 및 결제, 법화로의 환전 등의 제3자의 신용 및 유동성 문제로 인해 수취인의 자금수취가 지연되거나 중단될 수 있으며, 해킹으로 고객의 피해도 발생할 수 있어 새로운 리스크가 생겨나게 된다. 이 경우 가상자산 지급서비스를 제공하는 업체에 대해서는 다수를 상대로 가상자산의 보관 및 지급 업무를 안전하고 효율적으로 수행하는 것을 담보할 수 있는 새로운 규제가 필요하며, 지급결제인프라에 대한 규제와 관련한 국제기준인 '금융시장인프라에 관한 원칙(PFMI's)'의 적용문제가 발생할 수 있을 것이다.

---

100  비자카드 네트워크는 1초에 65,000건 정도의 거래를 처리할 수 있는 반면, 비트코인 시스템은 1초에 최대 7건 정도만 처리 가능한 것으로 알려져 있다.

지급결제를 알아야 돈이 보인다

# 4절
# 블록체인 및 분산원장 기술 확산의 영향과 과제

## Ⅰ. 금융서비스 활용 가능성

블록체인을 통한 분산원장 기술의 안전성 및 보안성이 기존보다 우수하며, 비용도 저렴하다는 점이 확인됨에 따라 동 기술이 가상자산과는 별도로 송금, 증권발행 및 거래 등 기존 금융서비스 전반에 적용될 가능성이 제기되고 있다. 특히 비트코인 등 가상자산에 대해서는 비관적인 입장을 가진 전문가들도 분산원장 기술의 활용 가능성에 대해서는 대체로 긍정적으로 전망[101]하고 있다.

분산원장 기술이 금융거래 전반으로 확산되는 경우 소액결제시스템 뿐 아니라 거액결제시스템 등 지급결제제도 및 금융시스템 전반에서 활용 가능성이 큰 것으로 분석되고 있다. 업계에서는 분산원장 기술을 역외거래, 증권거래 등에 적용할 경우 엄청난 규모의 IT 인프라 투자비용(보안비용 등) 절감이 가능할 것으로 예상하고 있

---

101  The Economist(2015.10.30.), Yermack(2013) 등

다. 한편 담보설정, 주식·채권 발행, 파생상품 거래 등 금융서비스 전반에 적용되어 전통적인 서비스 제공자(금융결제원, 한국예탁원 등)들의 역할과 기능이 축소될 가능성도 클 것으로 보고 있다. 또한 분산원장 기술은 금융거래 이외에도 자산거래, 소유권 확인, 스마트계약[102](smart contract) 등에 적용되어 다방면에서 활용이 가능하다.

## 금융기관이 블록체인 기술에 주목하는 이유

■ 시스템 안정성 및 보안성

정보가 집중된 중앙서버 및
담당 조직(단일실패점)이 없어
일부 참가시스템에서
시스템 오류, 해킹 등이 발생해도
전체 네트워크 파급영향이 미미

■ 새로운 금융거래인프라 구축

은행간 결제, 역외거래, 증권 거래,
자산 보관 등을 수행하는
기존 시스템보다
신속하고 효율적인 인프라 개발

시스템 유지 및 보안 비용 절감
국내 금융기관 IT예산 :
약 5.5조원(총예산대비 8.3%)

수수료 및 유동성 비용 절감
신규 서비스 개발

자료 : FRED

---

102 일정 조건이 만족되면 자동으로 지급거래가 실행되도록 블록체인을 프로그래밍하여 전자적 계약을 상속, 증여, 크라우드펀딩 등 각종 소유권 이전에 적용 가능하다.

지급결제를 알아야 돈이 보인다

## II. 활용 및 연구 사례

주로 글로벌 금융기관과 스타트업 기업 간 협업의 형태로 분산원장 기술을 활용하기 위한 방안을 활발히 개발 중이다. 또한 국내 은행들로 핀테크 기업과의 제휴 등의 형태로 해외송금 서비스, 인증체계 개발 등에 활용하는 방안을 연구하고 있다. 이에 따라 우리나라를 비롯한 주요국 중앙은행 및 감독당국 등도 분산원장 방식의 활용 가능성에 많은 관심을 가지고 영향을 점검하고 있다.

## III. 향후 과제

분산원장 기술을 활용한 가상자산이 법정화폐와 여타 지급수단을 상당 부분 대체하는 수준까지 발전할 가능성은 크지 않은 것으로 전망된다. 그러나 가상자산을 제외한 블록체인 기반의 분산원장 기술은 기존 금융시장인프라 및 금융중개기관에 큰 변화를 초래하고 중앙은행 업무에도 중대한 영향을 미칠 수 있는 잠재력을 가진 것으로 평가된다. 특히 중개 및 정보의 저장과 처리를 담당하는 기관이 없이도 효율적이고 안전한 금융서비스 제공이 가능하다는 점에서 높은 기술적 혁신성을 가진 것으로 보인다. 그러나 분산원장 기술을 금융기관 및 금융서비스에 직접 적용하는 데는 다양한 제약이 존재하며, 이를 극복하기 위해서는 관련 기관 간 긴밀한 협업이 필요하다.

이에 따라 지급결제시스템의 운영 및 관련 정책을 수립·집행하는 중앙은행은 분산원장 기술의 발달을 지원하면서 지급결제서비스, 금융안정 및 통화정책에 미치는 부정적 영향을 차단하기 위한 정책과제를 적극 발굴하여 추진[103]할 필요가 있다. 한편 정부는 분산원장 기술과 관련한 포괄적이고 유연한 규제체계를 마련할 필요가 있다.

---

103  국내외 금융권 및 스타트업을 중심으로 이루어지는 분산원장 기술 개발 동향에 대한 모니터링과 분산원장 기술의 금융부문 활용방안에 대한 연구 뿐만 아니라 중앙은행 및 은행 간 결제시스템에 블록체인 등 분산원장 기술의 직접 활용 가능성에 대해서도 연구할 필요가 있다.

# 4장

## 중앙은행
## 디지털 화폐

# | 요약 |

중앙은행 디지털화폐(CBDC: Central Bank Digital Currency)와 관련된 논의는 과거에도 있었으나, 최근 분산원장기술(Distributed Ledger Technology)의 발전과 가상자산의 확산 등을 계기로 이에 대한 논의가 활성화되고 있다. 특히 인구가 적고 현금 이용이 크게 감소하거나 경제주체들의 금융서비스에 대한 접근성이 낮은 일부 국가들이 CBDC 발행을 적극적으로 검토하면서 관련 논의가 더욱 진전되고 있다.

CBDC란 중앙은행내 지준예치금이나 결제성 예금과는 별도로 중앙은행이 전자적 형태로 발행하는 새로운 화폐를 말한다. 따라서 CBDC는 중앙은행의 직접적인 채무로서 현금 등 법화와 일대일 교환이 보장되며, 현금과 같은 실물 형태가 아닌 전자적 형태를 갖게 되어 이의 취급도 전자적으로 이루어지게 된다. 또한 CBDC는 현금과 유사한 화폐이지만 관련 거래의 익명성을 제한할 수 있을 뿐만 아니라 정책목적에 따라 이자지급, 보유한도 제한, 이용가능시간 조절 등이 가능하다.

CBDC 구현방식은 중앙은행 또는 은행이 CBDC계좌 및 관련 거래정보를 보관·관리하는 단일원장방식과 다수의 거래참가자가 동일한 거래기록을 관리하는 분산원장방식으로 분류할 수 있다. 구현방식간에 확장성, 복원력, 보안성, 호환성 등 주요 기술적 평가요소별로 살펴보면 단일원장방식은 확장성 및 호환성이, 분산원장방식은 복원력 및 보안성이 우수한 것으로 나타났다.

CBDC발행이 중앙은행 및 금융기관의 지급결제에 미치는 영향도 클 것으로 판단된다. 지급과 동시에 CBDC 운영기관인 중앙은행 등을 통해 최종 결제가 이루어지므로 은행간 청산·결제과정에서 발생하는 신용리스크가 원천적으로 제거 가능하다. 또한 CBDC 결제 프로세스의 특성으로 청산기관 운영 비용, 신용리스크 관리를 위한 담보비용 등이 불필요하여 관련 시스템운영비용은 축소될 가능성이 있을 것으로 예상된다. 뿐만 아니라 송금(자금이체) 부문에서 CBDC와 민간 지급수단과의 경합 등으로 은행 및 전자금융업자 등 민간 지급서비스 제공업자의 서비스 개선노력이 확대될 것으로 예상된다.

한편 현재의 청산기관 등 소액결제시스템 운영기관의 필요성은 크게 약화될 것으로 예상되는 가운데 지급카드의 경우 직불형 카드[104](예: 체크카드)는 이용규모가 축소될 것으로 보인다. 다만 중앙은행이 CBDC 관련 지급서비스를 직접 제공 또는 지원함에 따라 운영리스크 발생 경로가 확대될 수 있을 것으로 예상된다.

CBDC 발행과 관련해 한국은행이 현재 진행중인 모의실험에서 지적된 부족한 점에 대한 개선책과 통화 및 금융안정, 발권 정책 등과의 조화를 위한 후속 연구도 지속될 필요가 있다. 특히 우리나라는 금융지주회사 아래 금융권역(은행, 증권, 보험 등)별로 고유의 금융업무를 수행하고 있는데, CBDC로 인해 은행권역의 중심업무인 지급결제 관

---

104  신용카드는 외상구매라는 특성으로 일정 수준의 경쟁력을 유지할 것으로 보인다.

지급결제를 알아야 돈이 보인다

련 역할이 크게 축소될 경우 동 권역의 수익기반 약화 및 반발이 예상되는 바, 금융산업 전체 차원에서 각 권역별 업무분장에 대한 검토 필요성도 제기될 수 있을 것이다.

# 1절
# 논의 배경 및 정의

## Ⅰ. 논의 배경

중앙은행 디지털화폐(CBDC: Central Bank Digital Currency)와 관련된 논의는 과거에도 있었으나 최근 디지털화폐 발행기반이 될 수 있는 분산원장기술(Distributed Ledger Technology)의 발전과 비트코인으로 대표되는 가상자산의 확산 등을 계기로 이에 대한 논의가 활성화 되었다. 특히 인구가 적고 현금 이용이 크게 감소하거나 경제주체들의 금융서비스에 대한 접근성이 낮은 일부 국가들이 CBDC 발행을 적극 검토하면서 관련 논의가 더욱 진전되었다.

무엇보다도 CBDC 발행시 현행 지급결제시스템 뿐만 아니라 통화, 금융안정 및 발권 정책 등 중앙은행 업무 전반에 미치는 영향이 상당할 것으로 예상[105]된다. 또한 은행 이외에도 중앙은행과 거래를 하고 있는 금융기관, 그리고 지급수단을 제공하고 있는 금융서비스 제공기

---

105  일부 경제학자 등을 중심으로 CBDC 발행이 마이너스 금리정책을 효과적이고 용이하게 구현할 수 있게 하며, 현금과 달리 신원 추적이 용이해 지하경제 양성화에 기여할 수 있다는 주장도 제기되었다.

지급결제를 알아야 돈이 보인다

관이라면 모두 상당한 업무수행의 변경이 필요할 것으로 보인다. 따라서 CBDC의 도입은 중앙은행 또는 은행권역 만의 문제가 아니라 중앙은행과 금융산업 전반의 업무를 감안하여 검토가 이루어질 필요가 있다는 시각이 지배적이다.

## II. CBDC 정의

국제결제은행(BIS)은 CBDC는 중앙은행 내 지준예치금이나 결제성 예금과는 별도로 중앙은행이 전자적 형태로 발행하는 새로운 화폐로 정의하고 있다.

### 1. 중앙은행이 발행

CBDC는 중앙은행의 직접적인 채무(central bank liability)로서 현금 등 법화와 일대일 교환이 보장된다는 점[106]에서 내재가치를 규정하기 어려운 민간 가상자산과는 구분된다.

---

106  은행예금의 경우에는 은행이 부실화되는 경우 예금자보호한도 내에서만 지급이 보장되며, 보호한도를 초과하는 금액은 해당은행의 파산절차에 채권자로서 참여하여 회수해야 한다.

## 2. 전자적 형태

현금과 같은 실물 형태가 아닌 전자적 형태를 갖게 되어 이의 취급
도 전자적으로 이루어지게 되며, 지준예치금 및 은행예금과 같이 단
일원장방식[107](account-based, 현행 계좌방식) 또는 가상자산과 같이 분
산원장방식[108](token-based)에 기반하여 발행한다.

## 3. 이용주체

이용목적에 따라 모든 경제주체(개인, 기업 등)가 이용할 수 있는 소
액결제용(general-purpose) CBDC와 은행 등 금융기관들만 이용할
수 있는 거액결제용(wholesale only) CBDC 발행이 가능하다.

## 4. 구현방식 및 이용목적에 따른 구분

CBDC는 구현방식(계좌기반 단일원장방식 vs 토큰기반 분산원장방식)
과 이용목적(거액결제용 vs 소액결제용)에 따라 크게 4가지로 구분할
수 있는데, 이중 계좌기반 거액결제용 CBDC는 기존의 지준 · 결제성

---

107  하나의 원장을 관리하는 중앙기관(예: 중앙은행)이 개인·기업들에게 CBDC계좌를 제공하고, 거래발생시 이를
전담하여 검증하고 거래내용을 원장에 기록하는 방식이다.
108  'token-based'는 현금과 같이 거래당사자 간의 지급거래만으로 결제가 이루어지는 P2P(Peer-to-Peer) 방
식의 거래 처리가 가능함을 의미하는 것으로 이러한 P2P 거래를 구현하기 위한 대표적인 기술이 분산원장기
술이다.

예금과 개념상 동일하다. 따라서 여기서는 BIS 등의 정의를 준용하여 계좌기반 거액결제용 CBDC를 제외한 나머지 3개(계좌기반 또는 토큰기반 소액결제용 CBDC와 토큰기반 거액결제용 CBDC)만을 CBDC로 규정하고, 이중 이용자가 광범위하고 발행시 사회·경제에 미칠 영향도 클 것으로 예상되는 소액결제용 CBDC를 중심으로 논의를 진행하고자 한다.

## CBDC 정의

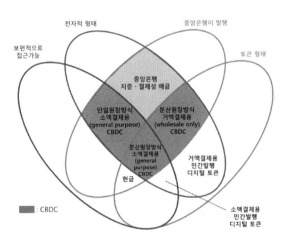

자료 : BIS

# Ⅲ. CBDC 특성

CBDC는 전자적 방식으로 구현되었으며, 현금과 유사한 측면이 있는 화폐이다. 그러나 전자적 형태 등으로 인해 현금과는 다소 다른 특성을 가지고 있다.

## 1. 익명성

중앙은행은 CBDC 구현시 사회적 합의에 따라 익명성을 부여할 수 있다. 그러나 현재 탈세 · 자금세탁 방지를 위해 금융기관에 대해 고객신원확인(KYC) 의무 등을 강하게 요구하고 있는 점을 감안해 완전한 익명성을 부여하기는 어려운 측면이 있으므로 필요에 따라서는 익명성의 제한도 가능하다.

## 2. 이자지급

CBDC에 이자지급이 가능하므로 금리 수준에 따라 CBDC 뿐만 아니라 CBDC의 대체재라고 할 수 있는 현금 · 은행예금 등에 대한 수요도 조절할 수 있다. 예컨대 CBDC의 금리 수준이 높을수록(은행 예금금리와의 차이가 작을수록) 현금 및 은행예금 대신 CBDC를 가치저장 수단으로서 보유하려는 수요가 커질 수 있다.

지급결제를 알아야 돈이 보인다

## 3. 보유한도

CBDC가 자금세탁 · 테러자금 조달 등의 수단으로 악용되는 것을 방지하기 위해 경제주체별로 CBDC 보유(또는 사용)한도의 설정도 가능하다.

## 4. 이용가능시간

CBDC를 연중무휴 · 24시간 내내 사용 가능토록 하거나, 특정 시간대(예: 0시~4시)의 이용을 제한하는 것도 가능하다.

### CBDC, 현금, 지준예치금 간 특성 비교

| | 현금 | CBDC | 기존 중앙은행 예금(지준예치금) |
|---|---|---|---|
| 거래 익명성 | 보장 | 보장여부 선택가능 | 무 |
| 이자 지급 | 불가능 | 가능 | 가능 |
| 보유 한도 | 무 | 한도설정 가능 | 무 |
| 이용가능시간 | 제한없음 | 설정 가능 | 제한됨 |

자료: 한국은행

# 2절
# CBDC 구현 방식

## Ⅰ. 구현방식 분류 및 비교

### 1. 구현방식 분류

CBDC를 구현하는 방식은 계좌 및 거래정보를 어떻게 관리하느냐에 따라 하나의 거래원장만 사용해 관련 기록을 관리하는 단일원장방식과 다수의 시스템 참가자 각자가 상호 동기화된 원장을 갖고, 기록을 관리하는 분산원장방식[109]으로 구분할 수 있다.

### 가. 단일원장방식

단일원장방식은 개인·기업에게 허용한 CBDC계좌 및 관련 거래정보를 신뢰할 수 있는 중앙관리자(예: 중앙은행)가 보관·관리하는 방식이다. 중앙관리자는 개인·기업에게 계좌를 발급하고, 이들 경제주체들이 계좌간 자금이체를 중앙관리자에게 요청하면 중앙관리자

---

109  분산원장을 구현하기 위한 대표적인 기술이 블록체인이므로, 이하에서는 분산원장방식이 블록체인으로 구현된다고 가정한다.

　　　　　　　　　　　지급결제를 알아야 돈이 보인다

는 동 요청에 따라 계좌잔고를 수정한다.

단일원장방식

중앙관리기관의 단일원장

개인 A와 B의 계좌잔액 조정

③ 거래검증 및 원장 업데이트

최초거래시
계좌 개설·발급

② 거래내역 전달     ② 거래내역 전달

중앙관리기관

① 재화·서비스 거래 및 대금지급

개인 A          개인 B

자료 : 한국은행

## 나. 분산원장방식

분산원장방식은 거래참가자 또는 일부 제한된 참가자 각자가 원장을 갖고 신규 거래 발생시 합의절차를 거쳐 각자가 관리하는 원장에 해당 거래를 기록함으로써, 동일한 거래기록을 가진 복수의 원장을 관리하는 방식이다.

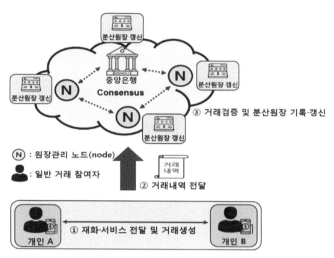

자료 : 한국은행

 분산원장방식은 원장간 정보를 일치시키기 위해 내부 합의절차인 거래검증과 원장기록 작업을 수행하게 되는데, 이러한 작업에의 거래 참여자 중 누구나 원하면 거래검증 및 원장기록에 참여가 가능한 비허가형(permissionless)과 거래검증과 원장기록 권한을 신뢰할 수 있는 일부 참여자에게만 부여한 허가형(permissioned)으로 구분된다. 이중 비허가형 분산원장 방식의 경우 모든 참가자의 51% 이상의 동의를 받아야 정상적인 결제로 인정받게 되는데, 이는 확률적으로 정상적인 결제로 인정받지 못하는 경우도 발생 가능하다는 결론에 도달하게 되므로 결제완결성이 보장되지 않는 것으로 간주한다.

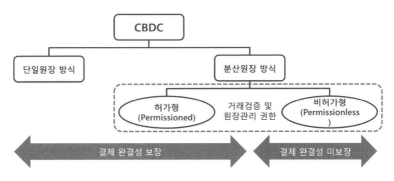

CBDC 구현 방식

자료 : 한국은행

## 2. 구현방식 간 비교

주요국 중앙은행들은 CBDC 도입을 위해 필요한 '기술적 평가요건'을 마련하고, 이를 단일원장방식과 허가형 분산원장방식에 적용해본 결과[110] 확장성, 호환성 측면에서는 단일원장방식이 우수하나 복원력 및 보안성 측면은 분산원장방식이 강점을 가지고 있는 것으로 나타났다.

---

110 비허가형 분산원장방식의 경우 결제완결성이 보장되지 않아 지급수단으로 활용에 적절치 않은 측면을 감안하여 분석에서 제외하였다.

## 기술적 평가요건

| 항 목 | 내 용 |
|---|---|
| 복원력[1] | 24시간·365일간 무중단 시스템으로 구현되어야 하며, 장애발생시에도 시스템 중단시간은 최소화해야 함 |
| 확장성 | 대규모 신규 사용자 증가, 거래 증가시에도 안정적으로 거래를 처리[2]할 수 있고 필요시 시스템 중단 없이 용량 증설이 가능해야 함 |
| 보안성 | 끊임없는 해커의 침입 시도를 견디고 데이터 위변조를 막거나 검증할 수 있어야 함 |
| 익명성[3] | 기본적으로 거래사실을 거래당사자만 열람 가능하도록 하여 개인정보(privacy)를 보호하되, 필요시[4]에는 거래당사자 및 거래내역 추적이 가능해야 함 |
| 호환성 | 거액결제·소액결제·증권결제 등 기존 지급결제시스템과 연계하여 작동할 수 있어야 하며 CBDC시스템 개선시 기존 시스템과의 연동에도 어려움이 없어야 함 |
| 이자지급 가능성 | CBDC가 새로운 통화정책 수단으로 활용될 수 있도록 이자지급 또는 마이너스금리 부과 기능이 가능해야 함 |

주 : 1) 서비스 연속성(availability)을 포함한 개념
   2) 거래처리 속도의 저하 없이 시스템 확장이 가능한 지 여부를 나타내므로 '효율성'의 개념을 포함
   3) 거래 당사자들만 거래 기록을 볼 수 있는 기밀성 (confidentiality)을 포함한 개념
   4) 탈세, 자금세탁 등과 관련한 조사
자료: 한국은행

## 가. 복원력

단일원장방식은 제2전산센터 또는 백업(back-up) 센터 구축 등을 통해 24시간 365일 시스템 가동이 가능할 것으로 보이나, 단일실패점 (single point of failure) 문제의 근본적인 해결에는 어려움이 있다.

그러나 분산원장방식은 복수의 원장관리 노드가 존재하므로 단일

실패점 리스크를 해소할 수 있으며, 24시간 365일 운영이 가능하다.

## 나. 확장성

단일원장방식은 거래처리 속도가 상대적으로 빠른 데다[111] 용량 증설도 가능하다. 다만 모든 CBDC 거래를 한곳에서 처리하기 때문에 사용자수와 거래량이 미리 설계된 최대 용량 이상으로 증가할 경우에는 성능이 저하될 가능성이 크다.

분산원장방식은 SK C&C 체인제트의 경우 테스트 결과 처리속도가 초당 4,480건, 삼성 SDS 넥스레저가 초당 7,000건 수준으로 단일원장방식에 비해 현저히 낮은 수준이다. 거래량이 참여기관별 최대 처리용량중 최소값보다 커질 경우 합의 과정에서 병목현상이 발생하여 처리속도가 저하될 가능성이 크나, 향후 기술발전에 따라서는 확장성이 개선될 수 있을 것으로 예상된다.

## 다. 보안성

단일원장방식의 경우 사용자정보, 거래정보 등이 한 곳에 집중되어 있고 개방형 통신망에 노출이 불가피하여 해커 등의 집중적인 공격 목표가 될 가능성이 있으며, 단일실패점 문제를 악용한 분산서비스공격[112] 시 파급영향이 광범위할 수도 있어 다양한 대응책이 필요하다.

---

111 단일원장방식의 대표적인 전자지급결제수단인 Visa카드 네트워크(Visanet)는 실제로 평균 초당 3,526건의 거래를 처리하고 있으며(BIS CPMI 2018), 초당 최대치는 65,000건이라고 발표하였다.

112 여러 공격자를 통해 특정 서버에 수많은 접속 시도를 만들어 다른 이용자가 정상적으로 서비스 이용을 하지 못하게 하는 공격(Denial of Service)으로 시스템의 복원력과도 연관된다.

반면 분산원장방식은 복사본이 다수 존재하고 이들 원장이 합의 과정을 거쳐 확정되기 때문에 상대적으로 정보의 위·변조, 분산서비스 공격 등으로부터 안전하다.

### 라. 익명성

단일원장방식은 익명거래를 허용하더라도 중앙관리자의 사후 거래 추적이 용이할 뿐만 아니라 익명계좌 발급 증가시 계좌관리 비용 등 시스템 운영상의 비용이 크게 증가될 가능성이 크다. 한편 사용자(개인)정보, 거래정보, 잔고정보 등이 한 곳에 집중되고, 이들 정보의 열람 가능성을 기술적으로 배제하기 어렵기 때문에 거래의 기밀성을 완벽하게 제공하기는 어려운 측면이 크다.

분산원장방식은 익명거래가 가능하지만 익명 전자지급 발급 증가시 단일원장방식과 마찬가지로 시스템 운영비용 증가 가능성이 있다. 또한 단일원장방식과 마찬가지로 허가된 원장관리 기관들이 거래정보를 관리하므로 거래의 기밀성을 완벽하게 제공하기는 어렵다.

### 마. 호환성

단일원장방식은 기존 중앙은행 지준계좌 및 은행 예금계좌 시스템과 동일한 방식이므로 기존 시스템과의 기술적인 호환성이 매우 높다.

그러나 분산원장방식은 CBDC시스템과 기존 시스템 간 연동을 위한 작업이 단일원장방식에 비해서는 복잡할 것으로 예상된다.

지급결제를 알아야 돈이 보인다

## 바. 이자지급 가능성

단일원장방식은 이자계산에 필요한 계좌잔액을 쉽게 조회 가능하므로 이자지급(또는 차감) 기능 구현이 기술적으로 용이하다. 다만 실제 구현 시 소요시간, 거래중인 계좌의 대기 문제[113] 등의 기술적인 사항을 고려할 필요가 있다.

분산원장방식은 기술적으로는 이자를 지급하거나 차감하는 기능 구현이 가능하지만, 현실에 적용하기 위해서는 추가적인 테스트 및 검증이 필요할 것으로 보인다.

---

113 전체 계좌에 대해 순차적(배치)으로 이자를 지급할 경우 5천만개 이상의 계좌잔고를 점검하고 체크하는데 상당한 시간이 걸릴 것으로 예상되며, 동 작업 중에 발생된 거래로 인해 잔고가 변경되는 경우도 고려할 필요가 있다.

## 평가요소별 평가 결과

| 항 목 | 평가 결과 |
|---|---|
| 복원력 | (단일원장) 단일실패점 문제 해결에 어려움<br>(분산원장) 단일실패점 리스크 해결 가능 |
| 확장성 | (단일원장) 거래처리 속도가 빠르고, 용량증설도 가능<br>(분산원장) 단일원장방식에 비해 처리속도가 크게 낮음 |
| 보안성 | (단일원장) 모든 정보가 한 곳에 집중되어 보안이 취약<br>(분산원장) 원장 복사본이 다수 존재해 정보의 원·변조 및 분산서비스 공격 등으로부터 안전 |
| 익명성 | (단일원장) 중앙관리자가 사후에 거래추적이 용이<br>(분산원장) 거래정보 관리기관을 통한 정보관리로 거래기밀성을 완벽하게 제공하기는 어려움 |
| 호환성 | (단일원장) 기존시스템과 동일한 방식으로 호환성 높음<br>(분산원장) 단일원장방식에 비해 복잡할 가능성 상존 |
| 이자지급 가능성 | (단일원장) 이자지급 기능 구현이 기술적으로 용이<br>(분산원장) 가능하지만 추가적인 테스트 및 검증 필요 |

자료 : 한국은행

# Ⅱ. 구현방식별 운영 예시

## 1. 단일원장방식

### 가. 계좌 발급 및 관리 업무

고객이 CBDC계좌 발급을 원할 경우 해당 고객에 대한 CBDC계좌 발급 및 관리를 중앙은행이 직접 담당하는 방법과 광범위한 대고객 접점을 보유한 은행 등에 대고객 업무를 위임하는 간접운영 방법으로 구분할 수 있다. 한편 CBDC 계좌발급·관리와 관련한 업무의 대부분을 차지할 것으로 예상되는 송금 및 상거래 관련 지급서비스를 제공하기 위해서는 인터넷뱅킹(모바일뱅킹) 및 카드(모바일카드 포함) 시스템 등과 같은 별도의 시스템 구축이 필요할 것으로 예상된다.

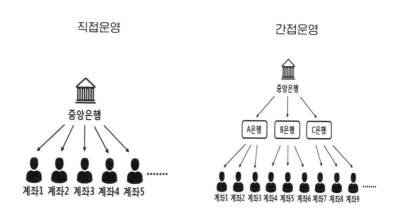

(은행 예금계좌와 CBDC계좌간 자금이체업무)

자료 : 한국은행

## (은행 예금계좌와 CBDC계좌간 자금이체업무)

중앙은행이 직접 운영하는 경우 고객이 은행예금을 중앙은행에 개설된 CBDC계좌로 이체를 요구하면 중앙은행은 해당 고객의 CBDC계좌 잔액을 증가시키고 중앙은행과 은행 모두 이에 상응해 자산계정과 부채계정을 조정한다.

중앙은행의 부채계정에서는 고객의 CBDC 잔액이 증가하고, 은행의 예금감소에 대응하여 지준예치금은 감소하며, 자산계정에서는 부채 순증액만큼 자산이 증가한다. 은행은 예금 감소 및 이에 대응한 자산(국공채, 대출채권, 지준예치금 등)[114] 감소를 부채계정 및 자산계정에 각각 반영한다.

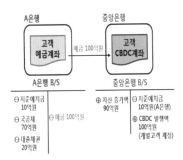

**직접운영[1)]**

주 : 1) 지급준비율이 10%인 가운데, 은행이 고객의 요구에 따라 중앙은행내 자행 당좌계좌에서 고객 CBDC 계좌로의 이체를 요청하면, 동 이체에 따른 지준 부족에 대응해 은행의 보유 자산을 매각하는 상황을 가정

자료 : 한국은행

한편 간접운영의 경우는 중앙은행의 부채계정에 CBDC준비금 항목이 마련되고, 고객의 CBDC계좌 관리를 위해 설치한 은행의 'CBDC 경유계정'에는 CBDC준비금(자산)과 해당 고객에 대한 CBDC(부채) 항목이 신설되는 것을 제외하

---

114  고객의 자금이체 요청시 은행은 우선적으로 예금감소분을 지준예치금으로 충당하려고 할 것이나, CBDC로의 교환수요가 지속적으로 증가하여 지준예치금이 부족해질 경우, 은행은 보유자산(유가증권, 대출채권 등)을 처분하여 이에 대응해야 한다. 한편 Kumhof & Noone(2018.5)은 CBDC 도입이 지준시장 수급 및 은행 대출 규모에 미치는 영향을 최소화하기 위해 CBDC는 지준예치금과 교환될 수 없고, 중앙은행은 은행이 보유한 우량채권(국공채 등) 매입을 통해서만 CBDC를 발행할 수 있도록 제한한 모델을 제시하기도 하였다.

고 직접운영의 경우와 동일하다. 다만 은행의 'CBDC 경유계정'내 고객의 CBDC 자금이 은행의 '고유 B/S(재무제표)'와는 구분[115]되어 관리되고, 중앙은행에 CBDC 준비금으로 전액 예치된다는 점에서 차이가 있다.

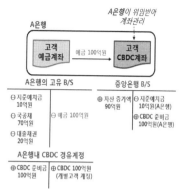

**간접운영[1)]**

A은행이 위임받아
계좌관리

A은행

| 고객
예금계좌 | 예금 100억원 | 고객
CBDC계좌 |

A은행의 고유 B/S

⊖ 지준예치금
10억원
⊖ 국공채
70억원
⊖ 대출채권
20억원

⊖ 예금 100억원

중앙은행 B/S

⊕ 자산 증가액
90억원

⊖ 지준예치금
10억원(A은행)
⊕ CBDC 준비금
100억원(A은행)

A은행내 CBDC 경유계정

⊕ CBDC 준비금
100억원

⊕ CBDC 100억원
(개별고객 계정)

주 : 1) 고객이 A은행 외 다른 은행의 CBDC계좌를 보
유하더라도 중앙은행의 재무제표 변화는 동일

자료 : 한국은행

## 나. CBDC계좌간 자금이체업무

두 거래당사자가 CBDC계좌를 통해 자금을 이체할 경우 중앙은행이 직접 운영하는 경우에는 고객의 CBDC 지급요청과 동시에 중앙은행 원장 내 계좌대체를 통해 결제가 완료된다. 은행 등을 통해 간접 운영하는 경우에도 중앙은행 원장 갱신을 통해 결제가 이루어지나, 현행 지준교환과 같이 은행간 CBDC 준비금의 교환절차가 수반되는 점이 상이하다.

---

115  한편, CBDC계좌를 보유한 은행 고객이 자신의 CBDC 자금을 해당 은행에 예금(해당 CBDC에 대한 소유권이 고객에서 은행으로 이전)하는 경우에는 해당 자금이 'CBDC 경유계정'에서 차감되고, 대신 은행 고유계정에 계상되어 은행의 대출 자원 등으로 활용 가능해진다.

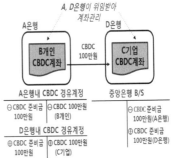

직접운영 | 간접운영[1]

주: 1) B개인과 C기업이 동일한 은행의 CBDC계좌를 보유할 경우, A은행내 계좌대체만 일어나고 중앙은행 B/S
는 변화 없음

자료 : 한국은행

## 2. 분산원장방식

### 가. 전자지갑 발급 및 관리 업무

단일원장방식과 마찬가지로 전자지갑의 발급 및 관리를 중앙은행이 직접 담당하는 직접운영 방법과, 중앙은행은 전자지갑의 규격 및 기능 등에 대한 표준을 마련하고 발급 및 관리업무를 은행 등에 위임하는 간접운영 방법이 있다. 어느 경우라도 상거래 관련 지급서비스를 제공하기 위해서는 단말기(POS) 등의 추가적인 시스템 구축이 필요할 것으로 예상된다.

지급결제를 알아야 돈이 보인다

## 나. 은행 예금계좌와 CBDC 전자지갑 간 자금이체업무

단일원장방식과 같이 직접운영의 경우에는 은행 예금계좌 및 CBDC전자지갑을 보유한 고객이 기존 예금을 CBDC로 교환 요구시 이에 상응해 중앙은행 및 은행[116]의 자산 및 부채계정에서 조정이 이루어진다. 한편 간접운영의 경우에는 단일원장방식의 경우와 같이 은행이 별도의 CBDC 준비금을 갖는 대신, 중앙은행으로부터 일정금액의 CBDC를 사전에 발행 받은 후 고객의 CBDC 관련 요구에 대응하는 점에서 차이가 발생한다.

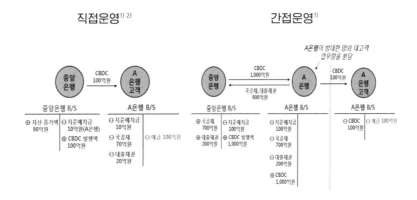

주 : 1) A은행은 해당 고객의 주거래 은행이라고 가정
　　 2) 지급준비율은 10%, 은행은 예금 감소와 동시에 보유자산을 조정한다고 가정

자료 : 한국은행

## 다. CBDC 전자지갑 간 자금이체업무

직접 또는 간접운영 모두의 경우 지급과 결제가 분산원장 네트워크

---

116　중앙은행이 고객의 전자지갑에 CBDC를 송금함과 동시에 해당 은행에 해당 고객의 예금 차감을 요청하면 은행이 재무제표를 갱신한다고 가정한다.

상에서 이루어짐에 따라 은행과 중앙은행의 재무제표(B/S)에는 변함이 없으며 단지 거래당사자의 전자지갑내 CBDC 보유잔액만 거래액에 상응해 변동하게 된다.

**CBDC 거래시 처리절차**

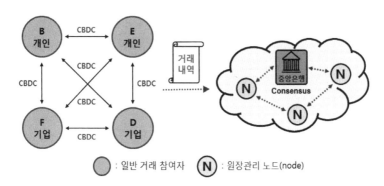

자료 : 한국은행

## 구현 및 운영방식 예시

| 구분 | | 직접운영 | 간접운영 |
|---|---|---|---|
| 단일<br>원장<br>방식 | 계좌의 발급 및 관리 | - 중앙은행이 직접 수행 | - 은행 등에 위탁 |
| | 은행 예금계좌와 CBDC계좌 간 자금이체[1] | -중앙은행 : 자산·부채(CBDC발행액) 모두 증가<br><br>-은행 : 자산·부채(예금) 모두 감소 | -중앙은행 : 자산·부채(CBDC 준비금) 모두 증가<br><br>-은행 : 고유계정내 자산·부채(예금) 모두 감소하는 가운데 고객의 CBDC(부채)는 전액 CBDC 준비금으로 예치 |
| | CBDC계좌간 자금이체 | -중앙은행 : 부채항목내 고객간 계좌대체로 지급·결제 완료<br><br>-은행 : B/S 변화 없음 | -중앙은행 : 부채항목내 은행간 CBDC준비금 계좌대체로 지급·결제 완료<br><br>-은행 : 지급은행의 CBDC준비금 감소, 수취은행의 CBDC 준비금 증가 |
| 허가형<br>분산<br>원장<br>방식 | 전자지갑의 발급 및 관리 | -중앙은행이 직접 수행 | -은행 등에 위탁 |
| | 은행 예금계좌와 전자지갑 간 자금이체[1] | -중앙은행 : 자산·부채(CBDC발행액) 모두 증가<br><br>-은행 : 자산·부채(예금) 모두 감소 | -중앙은행 : 자산·부채(CBDC발행액) 모두 증가<br><br>-은행 : 자산·부채(예금) 모두 감소 |
| | 전자지갑간 자금이체 | -중앙은행 : B/S 변화 없음<br>-은행 : B/S 변화 없음 | -중앙은행 : B/S 변화 없음<br>-은행 : B/S 변화 없음 |

주 : 1) 은행예금이 CBDC계좌 또는 전자지갑으로 이체되는 경우
자료: 한국은행

# Ⅲ. 우리나라의 CBDC 관련 추진 현황

## 1. 모의실험 실시 현황

한국은행은 2021.8월~2022.6월중 수행한 분산원장 기반 CBDC 모의실험 연구사업(2단계로 나누어 순차 진행)을 수행하였다.

1단계에서는 분산원장 기반의 CBDC 모의실험 환경을 클라우드에 조성하고 CBDC의 제조, 발행, 유통(송금, 대금결제), 환수 등 CBDC의 기본 기능을 구현하였으며, 2단계에서는 CBDC를 활용한 지급서비스(오프라인 거래, 국가간 송금 등) 및 정책 지원 업무(이자지급, 압류 등) 등 확장 기능을 구현하는 한편 개인정보보호 강화 관련 영지식 증명 기술(ZKP : Zero Knowledge Proof) 등 최신 기술의 CBDC 적용 가능

### CBDC 모의실험 연구 추진 범위

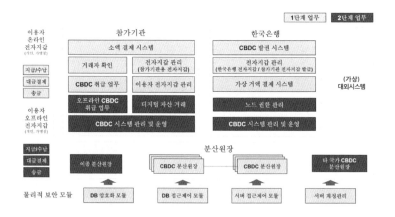

지급결제를 알아야 돈이 보인다

성을 점검하였다. 그리고 단일 클라우드 환경에 구축되었던 분산원장 기반 CBDC 모의시스템을 보다 실제적인 IT시스템 운영환경에서 점검하기 위해 15개 금융기관과 연계하여 실험하였다.

## 2. 모의실험 결과

**(주요 결과)**

실험한 전체 기능이 정상적으로 동작하였으며, 송금인과 수취인의 전산기기(모바일기기, IC카드 등)가 모두 인터넷 통신망에 연결되지 않은 상황에서 근거리무선통신(NFC: Near Field Communication) 등 해당 기기에 탑재된 자체 통신 기능을 통해 CBDC 거래가 가능해 오프라인 CBDC 기능이 온라인 CBDC와 독립적으로 운영 가능하다는 점도 확인되었다. 또한 금융기관과의 연계실험도중앙은행 시스템과의 연계(발행·환수, 기관용 지갑 생성 등), 이용자 지갑 관리(지급·수납, 이용자용 지갑 생성 등), 이용자 간 송금 등 CBDC 기본 기능 관련 64개 주요 기능의 정상 동작이 확인되었다.

**(개선 필요사항)**

기존 중앙처리시스템 보다는 성능이 낮은 것으로 나타나는 등 처리 성능에는 다소 한계가 있는 것으로 나타났다. CBDC 모의시스템은 최대 초당 2,000건의 거래를 처리할 수 있는 것으로 측정되어 대부분의 소액결제시스템의 일평균 초당 이용건수[117](1,000건 미만)를 처리[118] 하는 데에는 큰 문제가 없었다. 그러나 30분간 초당 4,200건 거래 처리 요청이 지속되는 경우를 가정하여 스트레스 테스트를 수행한 결과 응답대기시간이 최대 1분까지 증가되는 것으로 측정되어 거래가 집중되는 피크타임[119] 시 거래를 실시간으로 처리하기 위해서는 응답대기시간의 개선이 필요할 것으로 보인다.

또한 CBDC 시스템에 신기술 적용 가능성(분산원장 성능확장 기술, 영지식 증명기술 등) 점검에서 거래 분산을 위해 구성된 하위 네트워크들간 거래가 많아질수록 처리 성능이 저하되는 문제점이 있었으며, 현금과 유사한 수준의 거래 익명성 확보를 위한 개인정보보호 강화 기술도 거래당 14초 이상의 처리 시간이 필요해 현재 수준으로는 실시간 거래에 적용하기에는 다소 어려움이 있는 것으로 확인되었다.

---

117   신용카드 486.6건, 전자금융공동망 220.4건, CD공동망 12.3건, 오픈뱅킹공동망 43.2건(출처: 2021 지급결제보고서, 한국은행)

118   초당 발생거래가 1,400건 이하인 경우는 대부분의 경우 3초내 처리가 가능한 것으로 나타났다.

119   점심시간, 납부마감일 등 평상시보다 3~4배 이상의 거래가 집중되는 시간이다.

지급결제를 알아야 돈이 보인다

# 3절
# CBDC발행이
# 지급결제에 미치는 영향

중앙은행의 디지털화폐(CBDC) 도입시에는 지급결제[120] 안전성, 효율성 및 지급서비스 산업 등 여러 부문[121]에 걸쳐 영향을 미칠 것으로 예상되며, 이외에도 CBDC 발행을 위한 법적 근거 마련과 관련 법규(은행법, 예금자보호법, 전자금융거래법 등)의 개정 등과 같은 제도적인 보완도 필요하다.

---

120 CBDC 발행은 지급결제 뿐만 아니라 통화정책, 금융안정, 발권 등 중앙은행의 책무에 광범위하게 영향을 미칠 뿐만 아니라 관련 법규 보완 등이 필요할 것으로 판단된다. 그러나 본문에서는 지급결제와 관련된 사항에 대해서만 언급하고, 나머지 중앙은행 책무에 미치는 영향은 부록을 참고하기 바란다.

121 통화정책과 금융안정 책무를 함께 지고 있는 중앙은행으로서는 지급결제만의 안전성과 효율성을 염두에 둔 정책을 펼수는 없으므로 CBDC가 통화정책과 금융안정에 어떠한 영향을 미치고 CBDC를 도입하더라도 어떠한 방향으로 도입을 추진하는 것이 바람직한지를 고려할 필요가 있다.

# Ⅰ. CBDC 시스템의 안전성

## 1. 신용리스크

송금, 상거래 지급 등은 지급과 동시에 CBDC 운영기관인 중앙은행(단일원장방식) 또는 복수의 원장관리기관(분산원장방식)을 통해 최종 결제가 이루어지므로 신용리스크가 원천적으로 발생하지 않게 된다. 현행 소액결제시스템은 지급은행과 수취은행 간 차액포지션 결제시점(익일 11:00)까지 신용리스크에 노출되는 반면 CBDC는 개인 및 기업 등 모든 경제주체들이 중앙은행에 계좌(또는 전자지갑)를 보유하고 이를 통해 지급 및 결제[122]가 이루어지게 되므로 거래은행이 상이한 데 따른 신용리스크가 없다.

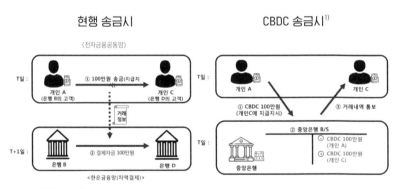

주 : 1) 단일원장방식을 가정
자료 : 한국은행

---

122 단일원장방식의 경우 현재와 같은 은행간 자금교환 없이 중앙은행 재무제표상 부채항목의 계좌대체만으로 결제가 완료되며, 분산원장방식의 경우에는 지급거래가 블록체인에 기록됨으로써 결제가 완료된다.

지급결제를 알아야 돈이 보인다

## 2. 운영리스크

CBDC 도입시 송금, 상거래 지급, 현금 인출 등 현재 은행이 제공하고 있는 대고객 지급서비스를 중앙은행이 직접 제공 또는 지원함에 따라 운영리스크 발생 경로가 확대[123]될 수 있을 것으로 예상된다. 특히 CBDC 시스템을 분산원장방식으로 구현할 경우 운영리스크가 기존의 단일원장 시스템과 다른 형태로 발생할 가능성이 있다.

분산원장방식의 경우 일반적으로 다수의 시스템 참가자가 거래정보를 공유함에 따라 단일원장방식에 비해 정보 조작은 어려운 반면 정보 탈취 가능성은 높을 것으로 보인다. 그러나 다수의 참가자들이 원장관리 역할을 수행하는 특성으로 인해 시스템의 일부가 정상적으로 작동되지 않을 경우 전체 시스템의 운영 또는 서비스 제공이 중단되는 단일실패점(single point of failure) 문제는 상당 부분 완화될 것으로 예상된다. 한편, 단일원장 방식을 채택하는 소액결제시스템 등과 공존할 경우에는 시스템간 연계 과정에서 호환성 문제가 발생할 가능성도 있다.

---

123 CBDC 도입시 한국은행의 책임 하에 처리해야 할 거래규모 및 시스템 운영시간이 현재보다 크게 늘어날 것으로 예상된다.

## II. CBDC 시스템의 효율성

### 1. 처리 소요시간

CBDC 도입시 송금 및 상거래 관련 지급은 은행 간 자금이체 과정 없이 중앙은행의 거래 승인 및 계좌이체(고객→가맹점 또는 고객→고객)만으로 지급이 완료되므로 처리시간 등은 현재와 큰 차이가 없을 것으로 예상된다. 현재도 은행계좌 기반 송금의 경우 수취인 계좌로의 지급이 즉시 처리[124]될 뿐만 아니라 중앙은행의 거액결제시스템을 통한 실시간 처리[125]도 가능하다.

### 2. 처리 비용

CBDC 결제시스템은 은행 간 청산 과정을 필요로 하는 소액결제시스템에 비해 처리비용이 축소될 것으로 보인다. 현행 시스템하에서 지급인과 수취인의 거래은행이 상이할 경우 은행 간 청산 과정이 필요하며 이를 위해 별도의 청산기관 설립(금융결제원), 청산·결제 과

---

124 전자금융공동망 등을 통한 송금의 경우 수취인 계좌 입금을 우선 처리하고 은행간 청산ㆍ결제는 익영업일 한국은행에 개설된 은행의 당좌예금계좌를 통해 차액결제 방식으로 처리된다.
125 현재 10억 원 이상의 고객자금이체의 경우 한국은행에 개설된 은행의 당좌예금계좌를 통해 은행간 자금이체를 실시한 후 수취인 계좌에 입금하는 방식으로 처리하는 한은금융망 연계결제 서비스가 있으며, 해외사례로는 ECB가 제공하는 TIPS가 있다.

정에의 리스크 관리를 위한 담보 납입 등과 관련한 비용 발생[126]이 불가피하다.

반면 CBDC는 지급인과 수취인(또는 고객과 상점)이 모두 중앙은행 계좌(단일원장방식) 또는 P2P 네트워크와 연결된 전자지갑(분산원장방식)을 이용하므로 별도의 청산기관 설립이 필요하지 않을 뿐만 아니라, 신용리스크 및 이와 관련된 담보비용도 없기 때문이다. 다만, CBDC 계좌의 발급 및 관리 등의 업무를 은행 등이 대행하거나 분산원장방식으로 시스템을 구현할 경우 이와 관련한 일부 비용이 발생[127]할 수 있을 것으로 보인다.

## 3. 이용자 편의성 등

실물에 기반하지 않지만 CBDC는 현금 및 은행 예금과 1:1 교환이 가능하고, 계좌이체, 온·오프라인 직불카드 등의 지급서비스가 제공될 경우 소비자가 CBDC를 지급수단으로 이용하는 절차는 기존의 지급수단과 크게 다르지 않을 것이므로 일반 국민이 CBDC를 지급수단으로 이용하는 데에는 별다른 불편은 없을 것으로 예상된다. 한편, 비교적 단순한 결제 프로세스 및 중앙은행의 비영리성 등으로 인해

---

126  현행 소액결제시스템을 이용한 고객자금이체의 처리과정에서 발생하는 신용리스크를 커버하기 위해 2022년 말 현재 전자금융공동망, CD공동망 등에 직접 참가하는 27개 은행이 한국은행에 57.6조 원(담보인정금액 기준) 규모의 국채, 통안증권 등의 담보를 납입하고 있다.

127  CBDC는 중앙은행이 전 국민을 대상으로 시스템을 운영함에 따라 대량의 소액결제를 실시간으로 처리해야 하고 보안과 안정성도 확보해야 하기 때문에 구현방식과 상관없이 시스템 도입 초기에는 이와 관련하여 상당한 비용이 소요될 것으로 예상된다.

CBDC를 이용한 지급서비스에 대하여 낮은 수수료가 부과하거나 정책적인 판단하에 CBDC를 이용한 송금 및 상거래 지급 수수료를 면제해 줄 경우 재화·서비스 판매자의 운영비용을 낮춰 온·오프라인의 소액 상거래가 더욱 활성화되는 등 일반 국민의 거래 행태에 영향을 미칠 수 있을 것으로 보인다.

## Ⅲ. 지급서비스 산업에 미치는 영향

CBDC가 도입될 경우 CBDC 시스템의 단순한 결제 프로세스 등을 인해 직접적인 경합관계에 있는 은행의 인터넷뱅킹(모바일뱅킹 포함) 및 전자금융업자의 송금서비스 수수료 인하 및 서비스 개선 압력이 커지는 등 이들과의 경합이 불가피할 것으로 예상된다.

한편 상거래 지급의 경우에는 CBDC계좌 기반의 직불서비스가 활성화됨에 따라 현행 직불형 카드(예: 체크카드)와 신용카드 등의 이용규모가 축소될 가능성이 있다. 다만, 신용카드의 경우 외상구매라는 특성으로 일정한 수준의 경쟁력을 유지할 것으로 보여, 이용규모의 축소폭이 크지는 않을 것으로 보인다.

이외에도 CBDC가 은행예금을 상당부분 대체하는 경우를 가정하면, 송금 및 상거래 지급 등에서 은행간 청산·결제 과정이 크게 줄어들며, 특히 고객의 자금이체 및 수표 지급 등에 대하여 은행간 지급정보의 전자적 중개, 은행간 결제자금 정산 등의 업무를 처리하는 소액결제시스템 운영기관(예: 금융결제원)은 그 필요성이 크게 약화될 것으로 보인다. 은행도 CBDC계좌 관리가 은행에 위탁되는 경우에 한해 동 위탁계좌를 바탕으로 제한적인 범위에서 대고객 지급서비스를 제공할 수 있을 것으로 예상[128]된다.

## 지급결제에 미치는 영향

| 구분 | | 현재와 비교시 영향 |
|---|---|---|
| **안전성** | 신용리스크 | - 신용리스크가 없음 |
| | 운영리스크 | - 발생 경로가 확대 |
| **효율성** | 처리소요시간 | - 별다른 차이가 없음 |
| | 처리비용 | - 청산기관 운영비용, 결제리스크 관리를 위한 담보비용 등이 불필요 |
| | 이용자 편의성 등 | - 별다른 차이가 없음 |
| **지급 서비스 산업** | 은행 및 간편송금업자의 지급서비스 | - CBDC와 민간 지급수단과의 경합 등으로 은행 및 전자금융업자 등 민간 지급서비스 제공업자의 서비스 개선노력이 확대될 것으로 예상 |
| | 지급카드 | - 직불형 카드의 경우 이용규모가 축소되는 반면, 신용카드는 경쟁력을 유지할 가능성 |
| | 소액결제시스템 운영기관 (금융결제원 등) | - 필요성이 크게 약화 |

자료: 한국은행

---

128  이 경우 은행들은 자율적인 금리 조정 등을 통한 여·수신 경쟁이 허용되지 않으므로 대고객 지급서비스의 개선을 통해 고객 유치 경쟁을 할 가능성이 있다.

# 4절
## 향후 과제

 CBDC 발행이 지급결제 등 중앙은행 업무 전반에 긍정적 또는 부정적인 영향을 미칠 수 있으므로 CBDC 발행 검토시 이들 영향과 관련 법적 쟁점 사항을 종합적으로 감안[129]할 필요가 있다. 이와 더불어 중앙은행으로의 정보 집중에 따른 개인정보 보호 및 마이너스 금리 부과시 재산권 침해 문제 등 법적 이슈가 제기될 수 있어 제도설계 단계에서 이러한 점들을 면밀히 살펴볼 필요가 있다.

 한편 우리나라 뿐만 아니라 미 연준 및 유럽중앙은행 등 주요국 중앙은행[130]도 CBDC 도입 여부 및 시점에 대해서는 신중한 입장을 견지하면서도 다양한 설계모델에 기반한 프로젝트를 추진하는 등 관련 연구개발을 활발히 수행하고 있다. 대다수 중앙은행은 도입 여부 및

---

129  CBDC 발행시 신용리스크가 감축되고 현금에 비해 거래 투명성이 높아지며 통화정책의 여력이 확충되는 등의 장점이 있을 수 있으나, 은행의 자금중개기능이 약화되고 금융시장의 신용배분 기능이 축소되는 부작용이 발생할 수 있다.
130  미 보스턴 연준은 MIT와 공동으로 CBDC 연구·개발 프로젝트(Project Hamilton)를 진행하고 있으며, 뉴욕 연준은 분산원장기술을 기반으로 상업은행의 토큰화 예금(tokenized deposits)과 CBDC 간 상호운영성 확보 관련 기술을 검증하기 위한 모의실험에 착수했다. 유럽중앙은행은 CBDC 설계방안 마련, 법률·기술적 이슈 검토, 파급효과 분석 등을 진행하였으며, 조만간 후속단계이행 여부를 확정할 계획이다. 중국인민은행과 일본은행도 모의실험을 통해 CBDC 핵심기능 등의 기술적 구현 가능성을 점검하고 있다.

시기를 확정하지는 않고 있으나 도입 준비 필요성은 커지고 있다는 인식이 꾸준히 확산되고 있는 상황이다. 특히 CBDC 발행 시 중앙은행의 통화정책 및 금융안정 정책과의 조화, 현행 중앙은행 통화와의 보완관계 유지, 그리고 지급결제 부문의 경쟁과 혁신을 촉진할 수 있도록 설계되어야 하는 등의 원칙을 충족할 필요가 있을 것으로 판단된다.

### 각국 중앙은행의 CBDC 프로젝트 관련 언급

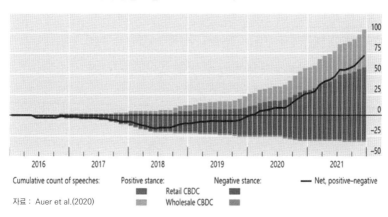

자료 : Auer et al.(2020)

### 각국 중앙은행의 CBDC 프로젝트 관련 언급

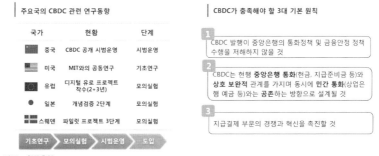

자료 : 한국은행

앞으로 기술발전에 따른 현금이용 비중의 지속적인 하락 및 CBDC 발행비용 감소 등 지급결제 환경 변화에 대비하여 거시경제에 미칠 영향과 사회적 비용·편익 등에 관한 심도있는 후속 연구가 지속될 필요가 있다.

특히 우리나라의 경우 유니버설뱅킹 시스템인 유럽과는 달리 금융지주회사 산하에서 금융권역(은행, 증권, 보험 등)별로 각각의 금융업무를 수행[131]하고 있다. 그런데 CBDC로 인해 은행권역의 중심업무인 지급결제 관련 역할이 크게 축소될 경우 은행권역의 수익기반 약화 및 반발이 예상되는 바, 금융산업 전체 차원에서 각 권역별 업무분장에 대한 검토 필요성도 제기될 수 있을 것이다.

---

131  은행은 지급결제업무를 통한 자금중개기능, 증권은 브로커 업무, 보험은 보장업무 등을 중심으로 업무를 수행하고 있으며, 이들 권역간 리스크 전이를 방지하기 위하여 방화벽을 설치하는 금융지주회사 체제이다.

# 5장

디지털 혁신에 따른
지급결제 변화 및
발전과제

| 요약 |

　최근 무선통신기술, 블록체인과 분산원장 기술, 빅데이터와 인공지는 등 디지털 기술이 발전하면서 금융부문에 디지털 혁신(digital innovation)이 더욱 확산되고 있으며, 이전에는 없던 서비스가 제공되고 있다. 특히 빅테크 비금융기업의 시장 진입으로 경쟁이 더욱 심화되고 있는 바, 간편결제 등 전자지급서비스의 혁신을 넘어서 디지털화폐, P2P대출, 로보어드바이저 등 기존 금융기관의 기능과 역할을 대체할 수 있는 새로운 형태의 금융서비스도 등장하고 있다.

　뿐만 아니라 보안성 및 투명성 등이 상대적으로 우수한 블록체인 및 분산원장 기술의 발전이 지속될 경우 안전한 금융서비스 제공과 함께 기존 금융시장인프라 및 금융중개기관에 큰 변화가 초래될 것으로 예상되며, 가상자산이 범용적인 화폐로서의 기능 수행은 하지 못하더라도 특정 그룹을 중심으로 한 소규모 그룹에서 결제수단으로의 기능 수행도 가능해 탈중앙화 금융을 모토로 한 가상자산 생태계가 새로이 등장할 가능성도 배제할 수 없을 것으로 보인다. 한편 CBDC 발행으로 은행 및 중앙은행 업무에도 중대한 영향을 미칠 수 있을 것으로 판단된다.

　이외에도 세계 경제의 국제화가 심화되면서 개인 및 기업의 해외 상거래·투자 활동이 지속적으로 확대되고 있는 바, 이를 지원하는 효율적인 국가 간 지급결제서비스 연계시스템 구축이 필요하다는 지적도 제기되고 있다.

이러한 상황 하에서 최근의 디지털 혁신은 효율적인 금융시스템 구축 등을 통해 지급결제를 비롯한 여러 금융서비스 부문의 발전에 큰 기여를 해 왔으나, 디지털 기술이 가지는 문제점에 대한 지적도 제기되고 있다. 먼저 비금융기업의 금융서비스 제공에 따른 이들의 신용 및 유동성 리스크 뿐만 아니라 비금융기업의 경영 부실 등이 금융시스템으로 전이될 가능성도 있는 것으로 보인다. 한편 디지털 혁신이 기존 금융서비스 부문의 업무를 개선하는 차원을 넘어서서 새로운 동력으로서 경제성장에 기여할 수 있는 방안도 강구해야 할 것이다.

이를 위해 금융서비스를 제공하는 빅테크 등 비금융기업의 서비스 및 리스크를 적절히 감시·감독할 수 있는 방안 마련이 필요하다. 이미 EU, 미국 등은 '디지털시장법' 및 반독점 소송 등과 같이 정책의 방향을 무조건적인 지원에서 별도 규제 마련 필요성 마련으로 전환하고 논의를 진행중에 있다. 우리나라도 지급결제서비스 등을 지원하는 비금융기업에 대한 자료제출요구권 및 공동검사요구권 등 감시권한을 한국은행에 부여하고, 감독당국은 이에 걸맞는 규제 방안을 마련할 필요가 있다. 또한 기존의 금융서비스를 제공하는 비금융기업의 진입으로 기존 금융기관의 수익기반이 약화될 경우 기존 금융기관과 비금융기업 간 불공정경쟁이 발생 가능한 바, 공정한 경쟁기반을 조성하여 금융혁신을 유도하는 등 빅테크-금융기관 간 상호원원할 수 있는 방안을 마련하여야 할 것이다.국제사회의 지급결제환경 변화에 대응하고 국내 지급서비스 혁신을 뒷받침하기 위해서 실시간총액결제(RTGS)방식 신속자금이체 체제 구축을 준비하기 위한 국제기구와의 논의도 지속해야 할 것이다.

이외에도 블록체인 기반 분산원장 기술의 연구를 통해 향후 금융 중개기관의 디지털 혁신을 지속적으로 이어갈 수 있도록 함과 동시에 중앙은행 디지털화폐(CBDC) 도입에 만전을 기하는 한편 타국가의 CBDC시템과의 연계를 통한 국가 간 송금서비스를 구현하기 위한 테스트도 진행해야 할 것이다.

# 1절
# 배경

지급결제제도는 개인, 기업, 국가기관 등 모든 경제주체들의 경제활동에서 가장 중요한 기반을 제공하고 있어 금융시스템의 안정과 발전에 매우 긴요한 제도이다. 이러한 가운데 최근 무선통신기술, 블록체인과 분산원장기술, 빅데이터와 인공지능, 클라우드 컴퓨팅 등 디지털 기술이 발전하면서 금융부문에 디지털 혁신[132](digital innovation)이 더욱 확산되고 있으며, 이전에는 없던 서비스가 제공되고 있다. 특히 비금융기업의 시장 진입으로 경쟁이 더욱 심화되고 있는 바, 간편결제 등 전자지급서비스의 혁신을 넘어서 디지털화폐, P2P대출, 로보어드바이저 등 기존 금융기관의 기능과 역할을 대체할 수 있는 새로운 형태의 금융서비스도 등장하고 있다. 뿐만 아니라 블록체인 및 분산원장 기술을 기반으로 하는 가상자산 및 중앙은행 디지털화폐(CBDC)의 도입 시도 등 디지털 경제가 더욱 확산될 가능성도 큰 것으로 예상된다.

---

132  정보, 컴퓨터, 통신, 네트워크 등의 디지털기술 또는 동 기술의 조합을 이용하여 새로운 형태의 제품 및 서비스를 만들어내는 최근의 산업트랜드를 통칭한다.

지급결제를 알아야 돈이 보인다

또한 세계 경제의 국제화가 심화되면서 개인 및 기업의 해외 상거래 · 투자 활동이 지속적으로 확대되고 있어 이를 지원하는 국가 간 지급결제서비스 연계 시 효율적인 시스템 구축 등이 긴요하다는 지적도 제기되고 있다.

# 2절
# 디지털 혁신이
# 금융서비스 등에 미치는 영향

## Ⅰ. 빅테크 등 비금융기업의 역할 증대

금융부문에서 디지털 기술 활용이 심화되면서 기존 금융기관이 담당하던 지급결제, 여신, 투자 및 자산관리 등 금융서비스에 많은 변화가 발생하고 있다.

물론 현 시점에서 디지털 혁신이 국내 금융부문에 미칠 영향을 예단하기는 쉽지 않지만 디지털 혁신에 따른 금융서비스의 분화 및 비금융기업의 역할 증대 현상은 앞으로 크게 심화되면서 금융서비스가 금융기관 중심을 벗어나 다기화된 형태로 제공될 것은 분명한 사실이다.

다만 이러한 현상의 진행속도 및 범위는 금융서비스 분야별 그리고 민간기업, 금융시장인프라(FMI) 운영기관, 정책기관의 대응 노력 및 전략에 따라 각각 진전 양상이 달라지는 등 여러 변수에 따른 불확실성이 존재한다.

## 기술혁신과 비금융기업의 금융서비스의 변화

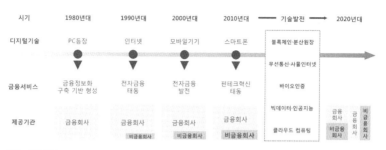

### 기술혁신과 금융서비스의 변화

| 시기 | 1980년대 | 1990년대 | 2000년대 | 2010년대 | → 기술발전 → | 2020년대 |
|---|---|---|---|---|---|---|
| 디지털기술 | PC등장 | 인터넷 | 모바일기기 | 스마트폰 | 블록체인·분산원장<br>무선통신·사물인터넷<br>바이오인증<br>빅데이터·인공지능<br>클라우드 컴퓨팅 | |
| 금융서비스 | 금융정보화<br>구축 기반 형성 | 전자금융<br>태동 | 전자금융<br>발전 | 핀테크혁신<br>태동 | | |
| 제공기관 | 금융회사 | 금융회사<br>비금융회사 | 금융회사<br>비금융회사 | 금융회사<br>비금융회사 | 금융<br>회사 / 비금융<br>회사 | 비금융회사 / 금융회사 |

자료 : 한국은행

특히 최근 디지털 혁신의 중심에 있는 빅테크[133](big tech)들이 제공하는 지급서비스가 민간 지급수단으로 자리잡아 가는 모습을 보이고 있다. 특히 이들 빅테크들은 현행 중앙은행 제도 및 금융인프라를 우회하는 새로운 형태의 지급 플랫폼으로 발전할 가능성이 큰 것으로 보인다.

### 주요 빅테크의 지급 및 금융서비스 제공 현황

| | |
|---|---|
| **amazon** | 아마존페이, 입점 업체 대출, 판매제품 보험 |
| **🍎 Apple** | 애플페이, 신용카드 |
| **Tencent 腾讯** | 위챗페이, 소액대출, 위뱅크 |
| **LINE** | 라인페이, 단기손해보험, 소액대출 |
| **kakao** | 카카오페이, 카카오뱅크 |

자료 : 각 기업

---

133  온라인 플랫폼 제공 사업을 하는 대형 정보기술(IT) 기업이 금융서비스 등을 직접 제공하는 것을 말하며, 우리나라의 경우 네이버, 카카오 등을 들 수 있다. 핀테크(fintech)는 금융(finance)과 기술(technology)이 결합한 서비스로서 일반적으로 금융기관이 주체되어 기존 금융서비스를 온라인으로 대체하는 경우가 많다

## 빅테크의 자체 지급결제시스템화

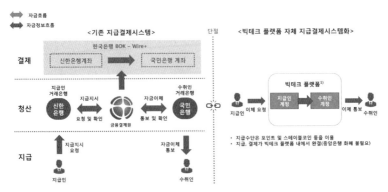

주 : 1) 지급인은 기존에 충전해 놓은 선불금(포인트)을 사용하고, 수취인은 이체받은 선불금(포인트)을 환불하지 않
　　　고 빅테크 플랫폼내에서 활용한다고 가정

자료 : 한국은행

　빅테크는 높은 기술력을 바탕으로 DNA loop[134]를 바탕으로 혁신
적인 서비스를 제공하고 있어 이용자 편의를 증진시키는 측면이 큰
반면 산업 전반의 지배력 확대를 인해 해당 빅테크의 비금융리스크의
전이[135] 등의 문제 발생 가능성이 커지고 있다. 특히 빅테크의 글로벌
스테이블코인[136] 발생시 심각한 부작용을 초래할 우려가 제기되고 있
다.

---

134　다수의 고객으로부터 데이터(Data) 확보, 이를 이용한 네트워크(Network) 효과, 추가적인 서비스 제공 활동
　　　(Activity)의 순환고리(loop)를 말한다.
135　금융서비스를 제공하는 비금융기업의 경영 부실 등으로 인한 리스크가 금융시스템으로 전이되는 것으로 예
　　　를 들면 간편결제서비스를 제공하고 있는 애플(비금융기업)의 부실이 금융기관으로 전이되는 시스템리스크
　　　발생 가능성을 말하는 것이다.
136　달러 등 기존 통화에 고정가치로 발행되는 가상자산이다

　지급결제를 알아야 돈이 보인다

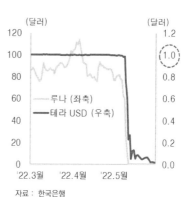

| 빅테크의 DNA 순환고리 | 테라 및 루나 가격 폭락 |
|---|---|
| 자료 : BIS | 자료 : 한국은행 |

# Ⅱ. 금융업의 분화

디지털 혁신은 금융서비스에 많은 영향을 미치고 있는 것으로 보인다. 비금융기업이 기존 금융기관 역할을 수행함으로써 금융업이 기능별로 분할(unbundling)되는 현상이 심화될 것으로 보인다. 특히 지급결제분야에서 가장 큰 영향을 미칠 것으로 조사[137]되었다. 이는 금융기관의 규모 및 범위의 경제 효과를 축소시키고 예대마진, 지급결제 관련 수수료 등 수익기반을 약화시킬 가능성이 있다.

---

137 PwC가 46개국의 글로벌 금융기관 및 핀테크 기업에 소속된 최고 경영진 544명을 대상으로 설문조사를 실시한 결과 이중 28%가 지급 및 송금 분야에서 가장 큰 영향을 미칠 것으로 응답했으며, 은행(24%), 자산관리(22%), 보험(21%) 순으로 나타났다.

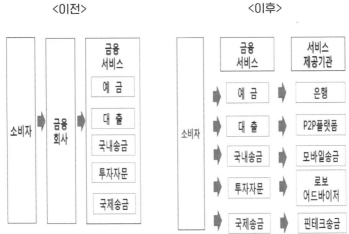

자료 : 한국은행

## Ⅲ. 블록체인 및 분산원장 기술에 기반한 금융서비스 증대

디지털 혁신에 따른 블록체인 및 분산원장 기술의 발전이 지속될 경우 보안성 및 투명성 등이 상대적으로 우수해 효율적이고 안전한 금융서비스 제공이 가능하다는 점에서 기존 금융시장인프라 및 금융중개기관에 큰 변화를 초래할 수 있을 것으로 예상된다.

또한 이와는 별개로 가상자산은 범용적인 화폐로서의 기능 수행은 하지 못하더라도 특정 그룹을 중심으로 한 소규모 그룹에서 결제수단으로의 기능 수행도 가능하다는 특성이 있으므로 탈중앙화 금융을 모토로 한 가상자산 생태계가 새로이 등장할 가능성도 배제할 수 없을 것으로 보인다.

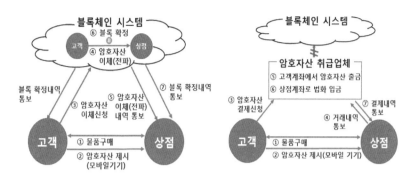

자료 : 한국은행

한편 중앙은행의 디지털 화폐(CBDC) 발행 등으로 은행 및 중앙은행 업무에도 중대한 영향을 미칠 것으로 판단된다.

## Ⅳ. 국가 간 지급결제서비스 개선 요구

최근 글로벌 교역확대, 해외 이주 노동자수 급증 등으로 국외송금이 크게 증가하고 있지만 환거래은행의 개입과 국가별 상이한 규제 등으로 송금 비용이 과다하다는 지적이 제기되고 있다.

국가간 지급결제는 그동안 기업간 거액자금의 국외 이체를 위해 설립된 전통적 환거래은행 모델(Correspondent Banking)에 의존해 왔으나, 국외 이체 빈도수가 높은 소액자금 이체에도 동 모델이 그대로 적용되며 다양한 비효율이 발생하고 있다. G20 중앙은행 총재·재무장관 회의(2020.2월)에서 '국가간 지급서비스의 개선'을 최우선 협력 과제로 선정하고 국제기구에 개선방안 마련을 주문하였다.

### 환거래은행 모델의 구조

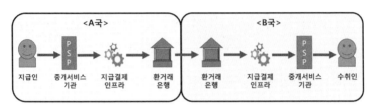

자료 : 한국은행

이에 국제기구(BIS, FSB)는 종합 추진 로드맵을 마련하고 본격적으로 세부사업을 추진중에 있으며, 국제기구(FSB)는 환(FX)거래은행이 주도하는 국가간 지급서비스의 4대 문제점으로 국내 지급서비스에 비해 ① 비싼 수수료, ② 느린 처리속도, ③ 접근성의 제약, ④ 낮은 투명성을 지적했다.

지급결제를 알아야 돈이 보인다

# 3절
# 발전과제

## Ⅰ. 금융시스템의 효율성제고를 통한 경제성장에 기여

디지털 혁신은 새로운 서비스 채널의 제공을 통해 시공간 제약을 축소해 서비스의 편의성을 높이고 기존 금융기관과의 거래가 제한된 계층에도 서비스를 제공하여 금융서비스에 대한 접근성을 크게 제고시킬 것이다. 또한 데이터 활용도 및 정보처리 속도의 상승, 중개비용 절감 등으로 인해 금융서비스 제공비용이 하락하고 품질은 개선되는 등 금융시스템의 효율성은 제고될 것으로 보인다. 이처럼 디지털 혁신 과정에서 기존 금융시스템의 비효율성이 개선되고 자본 배분의 효율성이 높아지고 있는 바, 더 나아가 디지털 혁신이 새로운 동력으로 자리 잡아 경제성장에 기여할 수 있도록 유도할 필요가 있을 것이다. 특히 창업시 결제 데이터를 활용[138]하는 방법을 활용하여 향후 일자리 창출에도 큰 기여를 하도록 유도할 필요가 있다.

---

138  현재 따릉이 이용시 이용위치, 경유지, 도착지, 연령대, 직업군 등의 결제 관련 자료를 활용하여 해당 지역에서 창업 등에 활용하고 있다.

## II. 디지털 혁신으로 인한 제반리스크 증가 가능성

디지털 혁신에 따른 비금융기업의 혁신적인 지급서비스 제공으로 소비자의 편의성이 제고되었지만 핀테크 제공 기업과 빅테크 등의 금융시스템에 대한 영향력 확대로 각종 리스크가 크게 증가할 가능성이 커지고 있다.

### 1. 신용 및 운영 리스크 증가

새로운 금융서비스의 접근성 확대로 인한 저신용 소비자 대출 증대, 고레버리지 기관의 투자 증가 등으로 신용 및 유동성 리스크가 확대될 수 있다. 또한 신규 핀테크 업체가 결제시스템 등 핵심 금융인프라에 참여하는 경우 기존 업체와는 다른 사업모델을 가지고 있기 때문에 운영 및 사이버보안 측면에서 새로운 리스크로 작용할 수 있다. 특히 지급 및 결제의 빈도가 높아져 금융사고의 감지 및 관리가 어려

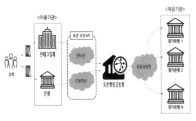

오픈뱅킹 구조

오픈뱅킹서비스를 이용한 불법이체 사고

자료 : 한국은행

워져 시스템리스크로의 확대 가능성도 존재한다.

## 2. 비금융기업의 경영부실 등 리스크

지급결제에 참가하고 있는 빅테크 기업의 경영부실이 금융시스템 전반으로 확산될 가능성도 사전에 인지하기 어려운 상황이다. 새로운 전자지급수단과 관련한 대규모 사고 및 이용자 피해 사례도 속출하고 있다. 전자결제중개회사인 독일의 와이어카드(wirecard)는 허위매출로 회사 자산을 포장하는 방법 등 분식회계를 통해 회사 실적을 부풀렸으나 내부고발자와 기자 등의 고발로 그 실상이 밝혀져 2020. 6월 파산했다. 국내에서 선불업자로 등록한 머지포인트(mergepoint)가 공격적인 프로모션(바우처구매시 20% 할인)을 통해 사업확장을 꾀했으나 가맹점 이탈 및 환불사태 등으로 엄청난 규모의 소비자 피해를 양산했으며, 두 사례 모두 적절한 감시·감독체계의 부족에 기인한 측면이 큰 것으로 판단된다.

자료 : 파이낸셜타임즈

자료 : 조선비즈

두 사례 모두 무리한 외형 확장 등에 따른 비금융기업의 경영부실이 소비자의 피해로 이어진 것으로 비금융기업의 경영 부실에 대한 사전적인 감시시스템 확립이 필요할 것으로 보인다.


## III. 대응방안


### 1. 새로운 지급수단 등에 대한 감시 · 감독 체계 확충


디지털 혁신에 의한 빅테크 등의 새로운 형태의 서비스 및 서비스 제공기관, 리스크의 출현으로 기존의 규제 및 감시 · 감독 체계로 금융서비스부문을 적절히 감시하기 어려운 바, 이들 빅테크 등의 금융시스템에 대한 영향과 관련하여 이미 주요국은 무조건적인 지원에서 별도 규제 마련 필요성 방향으로 정책을 전환하고 논의를 진행중에 있다.


**빅테크 관련 각국 규제 논의**

| 유 럽 | 미 국 | 일 본 |
|---|---|---|
| ○온라인 플랫폼 공정성·투명성 규칙 시행(2020.7월)<br>○빅테크 대상 디지털시장법(DMA: Digital Markets Act) 도입(EU집행위, 2022.3월) | ○하원의 빅테크 대상 반독점 조사(2020.10월)<br>○법무부(vs구글, 2020.10월), FTC(vs페이스북, 2020.12월) 반독점 소송 | ○소비자보호를 위해 트위터, 페이스북 등 해외 빅테크에 법인 등록 요구 및 벌금 부과(법무성, 2022.6월)<br>○클라우드 서비스 독과점 방지 규제 도입 예정 |

자료 : 한국은행

우리나라의 경우도 중앙은행인 한국은행이 중요지급결제시스템 및 소액결제시스템에 직접 가입한 금융투자회사 등에 대한 자료제출요구권은 보유하고 있으나 빅테크 등 비금융기업에 대한 자료제출요구권은 보유하고 있지 않다. 따라서 우리나라의 지급결제업무를 총괄하고 있는 한국은행에 이들 기업에 대한 자료제출요구권을 부여하는 등 새로운 지급수단과 새로운 서비스 제공기관 등에 대한 감시체계를 확충할 필요가 있다. 또한 감독당국도 EU의 '디지털시장법(DMA: Digital Markets Act)[139]'과 같이 기업의 시장독점 지배력을 억제하고 반경쟁행위를 규제 · 사전 차단하는 방안을 마련할 필요성이 있는 것으로 판단된다.

## 2. 공정한 경쟁기반 조성

금융업의 기능별 분화로 단기적으로 소비자의 편익은 증대되지만 기존 금융기관의 규모 및 범위의 경제효과를 축소시키고 지급결제 관련 수수료 등 수익기반이 약화될 경우 기존 금융기관과 비금융기업 간 불공정경쟁이 발생할 수 있다. 금융혁신은 경쟁기반을 특정 지역시장에서 세계시장으로 확장시키는 만큼 공정한 경쟁을 할 수 있는 기반을 조성하되, 빅테크-금융기관 간 상호윈윈할 수 있는 방안을

---

139  일정 규모 이상의 빅테크 기업을 게이트키퍼로 지정해 인앱결제 강제금지, 자사우대금지, 상호운용성 확보 등의 의무를 이행하도록 규정하고 있다.

마련할 필요[140]가 있다.

## 3. 국가 간 지급결제 연계서비스망 구축

국제사회의 지급결제환경 변화에 대응하고 국내 지급서비스 혁신을 뒷받침하기 위해서 실시간총액결제(RTGS)방식 신속자금이체 체제 구축을 준비할 필요가 있다. 이 경우 지급과 결제를 동시에 진행하게 되어 신용리크스 등을 제거할 수 있는 장점 등이 있다.

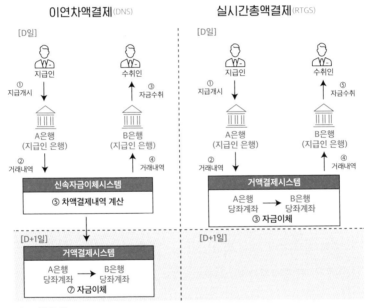

자료 : 한국은행

<hr>

140   2020년 9월 금융권, 빅테크/핀테크 전문가 등 민·관 합동 관계자들이 참여한 '디지털금융협의회'를 구성하고, 디지털 금융혁신 및 빅테크-금융기관 간 상호원원 방안 마련을 위한 논의를 시작했으며, 2022년 9월 빅테크 등 전자금융업자의 간편결제 수수료의 투명성 제고 및 가이드라인 마련 등을 위해 금융감독원과 업계 등이 공동 작업반(T/F)을 구성하여 회의를 진행하고 있다. 그러나 디지털 기술 발전에 비해 이러한 노력 등이 가시화되지 못하고 있다.

                                     지급결제를 알아야 돈이 보인다

한편 상호 교역량 및 송금규모가 큰 단일 경제권역 내의 인접국끼리의 지급결제시스템 연계 추진사례로서 미 연준의 소액지급시스템(ACH)과 멕시코중앙은행의 거액결제시스템(RTGS)를 직접 연계하여 멕시코중앙은행이 미국에서 멕시코로 유입되는 달로화 송금 및 페소화 환전 프로세스를 직접 수행하고 있다.

**이종통화간 결제시스템 연계 사례**

자료 : 한국은행

## 4. 블록체인 및 분산원장 기술 연구와 CBDC 도입관련 준비

블록체인 기반 분산원장 기술은 보안성 등에서 매우 우수한 것으로 평가되고 있어 이에 대한 지속적인 연구가 필요하며, 향후 금융권역에서 활용 가능성이 높은 것으로 판단된다(3장 참조). 또한 중앙은행 디지털화폐(CBDC) 도입과 관련하여서도 그 준비 등이 현재와 같이 착실히 이루어질 필요가 있으며, 타 국가의 CBDC시스템과의 연계를 통한 국가 간 송금서비스를 구현하기 위한 테스트 프로그램 개발도 필요할 것으로 판단된다.(4장 참조)

부록

# | 가상자산이 중앙은행 책무에 미치는 영향 |

## 1. 금융안정에 미치는 영향

가상자산이 금융안저에 미치는 영향을 가상자산에 내재된 리스크가 가상자사산 시장 자체에 미치는 영향, 전이경로를 통해 금융시스템 전반의 안정성을 저해할 가능성으로 구분할 수 있다.

### 가. 가상자산에 내재된 리스크

(가격변동 리스크)

가상자산은 내재적 가치의 존재 여부에 대한 논란으로 인해 적정가격을 산정하기 어려운 데다 투자자의 기대, 시장상황 등의 수요요인에 의해 가격이 변동하기 때문에 여타 금융자산에 비해 가격 변동 리스크가 매우 크다.

이러한 특성을 반영해 동 자산에 대한 투기성 자금유입은 가격변동리스크를 더욱 증폭시켜 향후 가격 급락에 따른 대규모 투자손실을 유발할 가능성이 있다. 특히 24시간동안 중단없이 운영되는 가상자산 교환소에는 유가증권 거래소의 매매거래중단제도(circuit breaker)와 같이 가격 급등락을 방지하는 안전장치가 마련되어 있지 않아 투자자의 심리적 불안에 의한 시장 혼란이 더욱 확산될 수 있으며, 마진 거래를 허용하는 교환소에서는 가격급락시 마진콜 요구를 충족하지 못하는 투자자의 암호자산 투자가 강제 청산되면서 가격 하락폭을 더욱 확대시킬 수 있다. 또한 지급수단으로 이용하기 위해 가상자산을 보유하고 있는 소비자의 경우에도 높은 가격 변동성으로 인해 구매력이 크게 훼손될 가능성이 있다.

(시장유동성 리스크)

가상자산의 소유가 일부 참가자들에게 집중되어 있어 활발한 거래가 제약되는 등 시장의 깊이(depth)가 부족하여 가격 조작 가능성이 높을 뿐 아니라 시장상황 급변 시 급격한 거래 위축(시장유동성 문제)이 발생할 수 있다. 특히 알트코인(alt-coin)의 경우 매수자 및 매도자 수가 적어 가격조작 등에 취약하여 시장유동성 변동이 매우 크다.

(운영리스크)

대부분의 가상자산 매매는 교환소를 통해 이루어지고 있으나 교환소 운영의 투명성이 낮고 보안도 취약한 것으로 보인다. 예를 들어 고객 투자금을 교환소 법인계좌를 통해 관리[141]하거나, 가상자산 지갑 정보와 비밀번호를 보안에 취약한 온라인상의 저장매체(hot storage)에 관리[142]하는 사례가 있으며, 특히 최근 들어 보안 등이 취약한 교환소를 중심으로 해킹에 의한 서버 작동 중단, 가상자산 도난 등의 사례가 발생하기도 하였다.

또한 확장성[143](scalability) 부족, 채굴비용 증대, 복잡한 합의과정 등 가상자산에 내재된 기술적 한계로 인해 거래가 지연되는 등 시장 혼란이 유발될 가능성도 있다.

## 나. 가상자산의 리스크 전이

가상자산에 직접투자를 하거나 관련 금융상품을 보유하고 있는 금융기관이 증가할 경우 가상자산의 가격 변동성 및 시장유동성 리스크가 금융시스템 전반의 리스크로 전이될 우려가 있다. 또한 금융기관 대출을 이용한 가상자산 투자 등이 증가하여 가상자산 시장과 기존 금융기관과의 연계성이 커질 경우에도 가상자산 시장의 충격이 금융시스템 전체로 확산될 가능성이 있다.

한편 현 단계에서는 가상자산이 주요 지급수단으로 활용될 가능성이 낮지만, 가상자산이 기술적 · 경제적 문제를 극복하고 주요 지급수

---

141  증권회사의 경우 고객의 주식예탁금 등을 자산의 법인 계좌가 아니라 제3의 기관인 증권금융에 별도로 예치하여 관리하고 있다.

142  가상자산 교환소가 지갑정보와 비밀번호를 거래 플랫폼과 단절된 제3의 장소에 관리하는 것을 Cold Storage라 하며, 동 플랫폼과 연결된 시스템 내에서 관리하는 것을 Hot Storage라고 한다.

143  네트워크 사용량이 증가하더라도 거래를 무리없이 처리할 수 있는 능력을 의미한다.

단으로 자리매김한 후에 가격급락, 사이버 공격 등으로 인해 지급결제시스템에 혼란이 초래된다면 금융시스템 전반의 안정성도 저하될 수 있다.

## 2. 통화정책에 미치는 영향

가상자산이 통화정책에 미치는 영향은 현 상황과, 가상자산이 투자자산 및 지급수단으로서 경제내 비중이 확대되는 경우를 상정하여 살펴볼 필요가 있다.

### 가. 현 상황에서의 영향

가상자산의 발전이 아직 초기 단계에 있고, 지급수단 보다는 대부분 투자목적으로 거래되고 있으며, 높은 가격 변동성 등으로 투자위험이 매우 높다는 인식이 형성된 점을 반영해 가상자산의 시장가치가 과거에 비해 크게 증가하였음에도 불구하고 경제 내에서 차지하는 비중은 매우 낮은 상황[144]이다.

또한 가상자산이 지급수단으로 이용에 필요한 제도적 기반이 미비한 상황 하에서 시뇨리지 귀속 문제, 익명성에 따른 불법거래 악용 가능성 등으로 정부로부터 화폐(fiat money)로 인정받기 어렵다는 점은 향후에도 지급수단으로 이용되는 데 큰 제약요인이 될 것이므로 경제 내 비중이 크게 확대되기는 어려울 것으로 전망된다. 따라서 이러

---

144 2018년 4월말 현재 전 세계 가상자산의 시가총액은 4,288억 달러로 주요국(한국, 미국, 유로지역, 일본, 중국) M2 대비 0.6% 수준에 불과하다.

한 점을 감안할 때 가상자산이 통화정책에 미칠 영향은 미미할 것으로 판단된다.

## 나. 투자자산 및 지급수단으로서 수요 확대시 영향

가상자산이 투자자산 및 지급수단으로서의 수요가 확대될 경우에는 주식, 채권 뿐 아니라 은행의 예금까지 부분적으로 대체하게 되어 은행의 지준부과대상 채무 증가세가 둔화될 가능성이 있어 지준율 조정의 파급효과가 약화된다. 또한 가상자산이 통화지표 구성항목에 포함되지 않기 때문에 통화지표의 유용성이 저하될 우려도 있다.

그러나 가상자산이 안전자산인 은행 예금을 대체하는 정도가 낮을 것이라는 점과 금리 중심의 통화정책 운영체제 하에서 지준율 조정은 통화정책으로서의 유용성이 낮다는 점 등을 감안할 때 통화정책에 미치는 부정적 영향은 생각보다 크지 않을 것으로 판단된다.

참고문헌

## | 참고문헌 |

박형근 외, '예대율 규제의 유용성 평가', BOK 경제리뷰 2012-6, 2012

안예홍, '지급결제의 주역들', 2021

차현진, '금융 오디세이(돈과 인간 그리고 은행의 역사)', 2013

　　　　'중앙은행 별곡(혼돈의 시대)', 2016

　　　　'법으로 본 한국은행', 2020

한국은행, '국가간 지급결제서비스 산업의 국제 동향과 국내 금융기관의 대응 방안', 지급결제조

　　　　사자료 2008-7, 2008

　　　　'비트코인의 현황 및 시사점', 지급결제조사자료 2013-2, 2013

　　　　'한국의 지급결제제도', 2014

　　　　'우리나라 소액결제시장 혁신을 위한 과제', 지급결제조사자료 2015-3, 2015

　　　　'분산원장 기술과 디지털화폐의 현황 및 시사점', 지급결제조사자료 2016-2, 2016

　　　　'분산원장 기술의 현황 및 주요 이슈', 2016

　　　　'한국의 통화정책', 2017

　　　　'디지털혁신과 금융서비스의 미래: 도전과 과제', 지급결제조사자료 2017-1, 2017

　　　　'중앙은행 초기 발달과정에서 지급결제의 역할', 지급결제조사자료 2017-2, 2017

　　　　'2017년 지급수단 이용행태 조사 결과', 지급결제조사자료 2018-1, 2018

　　　　'암호자산과 중앙은행', 2018

　　　　'중앙은행 디지털화폐' 2019

　　　　'2021 지급결제보고서' 2022

　　　　'G20 「국가간 지급서비스 개선 프로그램」의 주요내용 및 시사점', 지급결제조사자료

　　　　2021-1, 2021

　　　　'2022 지급결제보고서' 2023

　　　　'CBDC 모의실험 연구사업 1단계 결과 및 향후 계획' 보도자료, 2022.1.25.

　　　　'CBDC 모의실험 연구사업 2단계 결과 및 향후 계획' 보도자료, 2022.11.7.

　　　　'「CBDC 모의시스템 금융기관 연계실험」 결과' 보도자료, 2023.5.8.

한국거래소, '2022 KRX 청산결제의 이해', 2022

Ali R., et al., 'The Economics of Digital Currencies', Bank of England Quarterly Bulletin 2014 Q3, 2014

Andolfatto D., 'Blockchain, Cryptocurrencies and Central Banks', Speech at Federal Reserve Bank of St. Louis, 2018

Androulaki E., et al., 'Hyperledger Fabric: A Distributed Operating System for Permissioned Blockchains', 2018

Bacchetta P., 'The Sovereign Money Initiative in Switzerland: An Economic Assessment', Swiss Journal of Economics and Statistics, 2018

Baradaran M., 'It's Time for Postal Banking', UGA Legal Studies Research Paper No. 2014-07, 2014

Barrdear J. and M. Kumhof, 'The Macroeconomics of Central Bank Issued Digital Currencies', Bank of England Staff Working Paper No.605, 2016

BIS CPMI, 'Digital Currencies', 2015

      'Potential Implication of DLT and Related Innovations for Central Bank Services', 2017

      'Distributed Ledger Technology in Payment, Clearing and Settlement', 2017

      'Central Bank Digital Currencies', 2018

      'Identification of Legal Issues Relating to Digital Currencies', 2018

      'Wholesale Digital Tokens for Payment and Settlement', 2018

BIS MC, 'Central Bank Digital Currencies and Monetary Policy Implementation', 2017

ECB, 'Virtual currency schemes - a further analysis', 2015.2.

Engert W. and Ben S. C. Fung, 'Central Bank Digital Currency: Motivations and Implications', Bank of Canada Staff Discussion Paper 2017-16, 2017

FRB, 'Distributed ledger technology in payments, clearing and settlement', 2016

Goldman Sachs, Interview with Fred Ershman, 'Top of Mind 21', 2014.3.

IMF, 'Virtual Currencies and Beyond : Initial Considerations', 2016.1.

KPMG and CB Insights, 'The pulse of Fintech, 2015 in review-Global analysis of Fintech venture funding', 2016

Levine, Ross, 'Finance and growth : Theory and evidence.' Handbook of Economic Growth 1: 865-934, 2005

Morgan Stanley, 'Blockchain in banking: Disruptive threat or tool?', 2016

Nakamoto, Satoshi, 'Bitcoin: A peer-to-peer electronic cash system', 2008

OECD, 'Stimulating digital innovation for growth and inclusiveness', 2016

PwC, 'Blurred lines: How FinTech is shaping financial services', 2016

Raskin M. and D. Yermack, 'Digital Currencies, Decentralized Ledgers, and the Future of Central Banking', NBER Working Paepr No. 22238, 2016

Schwab, Klaus, 'The fourth industrial revolution: What it means and how to respone', World Economic Forum, 2016

World Economic Forum and Deloitte, 'The future of financial services', 2015